Fackel
träger

Stephen Leacock

Der Asbestmann

und andere Nonsens-Novellen

Aus dem Englischen
von Manfred Bartz

Fackel träger

Titel der englischen Originalausgabe:
NONSENSE NOVELS by Stephen Leacock.

Umschlaggestaltung: Betina Müller Grafik Design, Berlin
Druck: Hildesheimer Druck- und Verlags-GmbH, Hildesheim
Printed in Germany 1987
ISBN 3-7716-1474-0

Vorwort

Der Autor dieses Buches bietet es dem Leser ohne jede Entschuldigung an. Kenner seiner früheren Werke dieser Machart haben scharfsinnig geschlossen, daß er ein junger Mann aus dem allerwestlichsten Gebiet der westlichsten Staaten Kanadas sein muß, ein Hilly-Billy also , dem man wegen seines jugendlichen Leichtsinns im Denken vieles verzeihen müßte. Sie waren so freundlich, der Überlegung Ausdruck zu verleihen, daß, wenn der Autor älter und reifer würde und eine gute Erziehung bekäme, für seinen Intellekt noch Hoffnung bestünde. Das ist eine trügerische Hoffnung. Alles, was Erziehung hätte bewirken können, ist völlig ergebnislos versucht worden. Als Professor für Politische Ökonomie an einer großen Universität gibt der Autor zu, daß er es eigentlich besser wissen müßte. Aber er wird sich reichlich für diese Demütigung entschädigt fühlen, wenn es ein paar Leute gibt, denen dieses Buch in einigen Stunden der Muße eine kurze Erheiterung bringt oder ihnen hilft, die Zeit totzuschlagen, wenn sie sich wegen eines Herzeleids oder körperlicher Beschwerden nichts Schlechteres vornehmen können.

Stephen Leacock

McGill University
Montreal

Inhalt

Genarrt vom Geheimnis
oder: Der defekte Detektiv

Der große Detektiv saß in seinem Büro. Er trug ein langes grünes Gewand und daran ein halbes Dutzend geheimnisvoller Orden.

Drei oder vier Paar Backenbärte hingen neben ihm am Backenbartständer.

Brillen, Motorradbrillen und Schielbrillen lagen in Reichweite.

Er konnte sich in Windeseile vollkommen verkleiden.

Auf seiner Sessellehne befanden sich ein halber Eimer Kokain und eine Schöpfkelle.

Sein Gesicht war absolut undurchdringlich.

Auf dem Tisch lag ein Haufen Geheimschriften.

Der große Detektiv riß hastig die Umschläge auf und warf die im Handumdrehen entzifferten Geheimschriften in das Geheimschriftengeheimfach.

Es klopfte.

Der große Detektiv hüllte sich eilig in einen rosa Domino, klebte sich einen falschen Backenbart an und schrie:

»Herein!«

Sein Sekretär kam. »Aha, das sind Sie«, sagte der Detektiv und entverkleidete sich.

»Sir«, sagte der junge Mann sehr aufgeregt, »es ist ein sehr großes Geheimnis verbrochen worden.«

»Aha«, sagte der große Detektiv, »und die Polizei von ganz Europa ist ratlos.«

»Sie sind so verblüfft«, sagte der Sekretär, »daß sie haufenweise ohnmächtig herumliegen. Viele haben Selbstmord begangen.«

»So«, sagte der Detektiv, »und dieses Geheimnis findet in den Akten der Londoner Polizei keine Parallele.«

»So ist es.«

»Und ich nehme an«, sagte der Detektiv, die Namen der Beteiligten würden Sie kaum zu flüstern wagen, jedenfalls nicht, ohne vorher einen Parfümzerstäuber oder Gurgelwasser benutzt zu haben.«

»Genau so ist es.«

»Und ich nehme an, der Fall zieht derartige ernste diplomatische Konsequenzen nach sich, daß wir uns innerhalb von sechzehn Minuten mit aller Welt im Kriegszustand befinden, wenn der Fall nicht aufgeklärt wird.«

Sein Sekretär, noch immer vor Erregung zitternd, bejahte auch dies.

»Und schließlich«, sagte der große Detektiv, »nehme ich an, es geschah am hellichten Tage unter den Augen der Polizei an solch einem Platz, wie etwa der Eingangshalle der Bank von England oder der Garderobe des Unterhauses.«

»Dies«, sagte der Sekretär, »sind haargenau die Begleitumstände dieses Falles.«

»Gut«, sagte der große Detektiv, »nun verkleiden Sie sich mit diesem braunen Backenbart und erzählen Sie mir, was los ist!«

Der Sekretär hüllte sich in einen mit Spitzen verzierten Domino. Dann beugte er sich zum Ohr des großen Detektives nieder und flüsterte:

»Der Prinz von Württemberg ist entführt worden.«

Als hätte er einen Fußtritt von unten bekommen, sprang der große Detektiv vom Stuhl auf.

Ein entführter Prinz! Offenkundig ein Bourbone! Der Sproß eines der ältesten Geschlechter Europas! Dies war ein Fall, würdig seines analytischen Verstandes.

Sein Geist war schnell wie der Blitz.

»Halt«, sagte er. »Woher wissen Sie das?«

Der Sekretär überreichte ihm ein Telegramm. Es war vom Pariser Polizeipräfekten und lautete: »Prinz von Württemberg gestohlen. Wahrscheinlich nach London abtransportiert. Brauche ihn hier zur Eröffnung der Ausstellung. 1000 Pfund Belohnung.«

So. Der Prinz wurde entführt, zu einem Zeitpunkt, zu welchem seine Anwesenheit auf der Internationalen Ausstellung in Paris ein politisches Ereignis ersten Ranges gewesen wäre.

Für den großen Detektiv waren Denken und Handeln eins.

»Telegrafieren Sie nach Paris wegen einer Beschreibung des Prinzen!«

Der Sekretär verbeugte sich und ging.

Im selben Moment kratzte es leicht an der Tür.

Ein Besucher schlich herein, auf Händen und Füßen krauchend. Ein über Kopf und Schulter geworfener Kaminteppich machte ihn unkenntlich.

Er kroch in die Mitte des Raumes.

Dann erhob er sich.

Um Himmelswillen!

Es war der Premierminister von England.

»Sie!« sagte der Detektiv.

»Ich«, sagte der Premierminister.

»Sie kommen wegen der Entführung des Prinzen von Württemberg?«

Der Premierminister stutzte.

»Woher wissen Sie das?«

Der große Detektiv lächelte sein unergründliches Lächeln.

»Ja«, sagte der Premierminister, »ich will es nicht verschweigen, daß die Sache für mich von äußerst großem Interesse ist. Finden Sie den Prinzen von Württemberg und bringen Sie ihn sicher nach Paris zurück! Zu der Belohnung will ich noch 500 Pfund hinzufügen. Aber! Hören Sie«, sagte er eindringlich, als er den Raum verließ, »geben Sie acht, daß kein Versuch unternommen wird die Kennzeichen des Prinzen zu ändern oder seinen Schwanz zu kürzen!«

Den Schwanz eines Prinzen kürzen! Das Gehirn des großen Detektivs rotierte. Eine Bande von Schurken hatte sich verschworen, um ... Nein! Das war unfaßbar.

Wieder ein Kratzen an der Tür.

Ein zweiter Besucher wurde sichtbar, der auf dem Bauch über den Fußboden kroch und sich dabei wie ein Wurm wand. Er war in einen langen Purpurmantel gehüllt. Er stand auf und schielte über den Rand desselben.

Gott im Himmel!

Es war der Erzbischof von Canterbury!

»Euer Gnaden«, rief der Detektiv erstaunt aus, »ich flehe Sie an, stehen Sie nicht! Ich bitte Sie, setzen Sie sich, legen Sie sich! Tun Sie was Sie wollen, aber stehen Sie nicht!«

Der Erzbischof nahm seine Mitra ab und hing sie erschöpft über den Backenbartständer.

»Sie sind wegen des Prinzen von Württemberg gekommen?«

Der Erzbischof stutzte und bekreuzigte sich. Konnte der Mann hexen?

»Ja«, sagte er, »es hängt viel davon ab, daß er zurückgebracht wird. Aber ich bin gekommen, um Ihnen mitzuteilen, daß meine Schwester Sie sprechen möchte. Sie ist auf dem Wege zu Ihnen. Sie war sehr leichtsinnig, und all ihr Vermögen hängt vom Prinzen ab. Bringen Sie ihn nach Paris zurück oder wir sind ruiniert!«

Der Erzbischof nahm seine Mitra wieder an sich, entkreuzigte sich, wickelte sich in den Mantel und kroch leise auf Händen und Füßen davon, schnurrend wie eine Katze.

Das Gesicht des geoßen Detektivs zeigte tiefes Mitgefühl, bewegte sich in Furchen auf und nieder. »So, so«, murmelte er, »die Schwester des Erzbischofs, die Gräfin von Dashleigh!« Obwohl ihm das Leben der Aristokratie nicht fremd war, fühlte sogar der große Detektiv, daß ihre Liebschaft mehr Verwicklungen nach sich zog als gewöhnlich.

Es klopfte laut an der Tür.

Die Gräfin von Dashleigh kam herein, ganz in Pelz.

Sie war die schönste Frau von England und schritt kaiserlich ins Zimmer, bemächtigte sich eines Sessels und setzte sich seitlings in kaiserinhafter Haltung auf diesen.

Sie nahm ihren Diamantenkopfschmuck ab und hängte ihn neben sich auf den Diamantenkopfschmuckhalter. Sie öffnete den Verschluß ihrer Perlenkette und legte sie auf den Perlenkettenhalter.

»Sie kommen wegen des Prinzen von Württemberg«, sagte der große Detektiv. »Armes kleines Hundchen«, sagte die Gräfin betrübt.

So, so. Eine weitere Komplikation. Weit davon entfernt in den Prinzen verliebt zu sein, bezeichnete sie ihn als »armes kleines Hundchen«!

»Ich nehme an, Sie sind an ihm interessiert?«

»Interessiert«, sagte die Gräfin, »ist gar kein Ausdruck. Ich habe ihn aufgezogen.«

»Sie? Wen?«, keuchte der Detektiv, und sein sonst so teilnahmsloses Gesicht war von Rot übergossen.

»Ich zog ihn auf«, sagte die Gräfin, »und für diese, seine Chance habe ich 10.000 Pfund aufgetrieben. Ist es da ein Wunder, daß ich ihn wieder nach Paris haben will! Aber hören Sie gut zu! Wenn Sie den Prinzen geschnappt und seinen Schwanz gestutzt oder seine Bauchzeichnung verpfuscht haben, wäre es besser, ihn gleich umzubringen.«

Der große Detektiv drehte sich und lehnte sich an die Wand. Diese kaltblütige Morderlaubnis der schönen Frau nahm ihm für einen Moment den Atem. Sie, mit einem der vornehmsten Geschlechter Europas falsch verbunden, sie, die Mutter eines jungen Bourbonen, die ihr ganzes Vermögen in ein royalistisches Komplott gesteckt hatte, hatte doch instinktiv so viel Ahnung von europäischer Politik, um zu wissen, daß die Beseitigung von Muttermalen den Prinzen um die Sympathie der französischen Bevölkerung bringen würde.

Die Gräfin nahm ihren Kopfschmuck an sich.

Sie ging.

Der Sekretär kam.

»Ich habe drei sehr verblüffende Telegramme aus Paris«, sagte er.

Er überreichte das erste Telegramm.

Es lautete:

»Der Prinz von Württemberg hat eine lange feuchte Schnauze, breite Ohren, einen sehr langen Körper und kurze Hinterbeine.«

Der große Detektiv sah überfordert aus.

Er las das zweite Telegramm.

»Der Prinz von Württemberg ist leicht an seinem tiefen Bellen zu erkennen.«

Und dann das dritte:

»Der Prinz von Württemberg ist an einem weißen Haarfleck in der Mitte des Rückens zu erkennen.«

Die beiden Männer sahen sich an. Dieses unlösbare Geheimnis war zum Verrücktwerden.

Der große Detektiv sprach.

»Geben Sie mir meinen Domino«, sprach er, »man muß alle Anhaltspunkte zusammenfassen.« Dann machte er eine Pause, während der sein rasendes Gehirn das Beweismaterial analysierte und synthetisierte.

»Ein Jüngling«, murmelte er, »welcher offensichtlich jung ist, da er als junger Hund beschrieben wurde, mit langer feuchter Schnauze (Ha! Kommt vom Saufen), einer Strähne weißer Haare quer über den Rücken (erste Folge ausschweifenden Lebens). Hm, ja, so«, fuhr er fort, »an Hand dieser Indizien werde ich ihn leicht finden.«

Der große Detektiv erhob sich.

Er hüllte sich in einen langen schwarzen Mantel, klebte sich einen weißen Backenbart an und setzte eine blaue Brille auf.

Vollkommen unkenntlich verließ er das Haus.

Die Nachforschungen begannen.

Vier Tage lang kontrollierte er jede Gegend von London.

Er betrat jedes Lokal in der City. In jedem trank er ein Glas Rum. Einige betrat er als Seemann, andere als Soldat, andere wieder als Geistlicher. Seine Verkleidung war vollkommen. Niemand beachtete ihn, so lange er seinen Drink bezahlen konnte.

Aber all dies brachte nichts ein.

Zwei junge Männer wurden unter Prinzverdacht festgenommen, nur um wieder freigelassen zu werden.

Auf beide traf die Beschreibung nicht ganz genau zu.

Einer hatte eine lange feuchte Schnauze, aber keinen behaarten Rücken. Der andere hatte einen behaarten Rücken, konnte jedoch nicht bellen.

Keiner von beiden war der junge Bourbone.

Der große Detektiv setzte sein Werk fort.

Vor nichts machte er halt.

Heimlich, im Dunkel der Nacht, suchte er das Haus des Premierministers auf. Er untersuchte es vom Boden bis zum Keller. Er vermaß alle Türen und Fenster. Er untersuchte Fußbodenbeläge, Wasserleitungen und Möbel. Er fand nichts.

In gleicher Weise nahm er sich den Palast des Erzbischofs vor. Als Chorknabe verkleidet nahm er am Gottesdienst teil. Umsonst.

Ohne sich unterkriegen zu lassen, ging er nun in das Haus der Gräfin von Dashleigh. Als Dienstmädchen trat er in ihren Dienst.

Dort fand er zu guter letzt das Beweisstück, welches den Schleier des Geheimnisses lüftete. Im Boudoir der Gräfin sah er einen großen eingerahmten Kupferstich an der Wand hängen.

Ein Porträt.

Unterschrift: DER PRINZ VON WÜRTTEMBERG.

Es was das Bild eines Dachshundes.

Der lange Körper, die breiten Ohren, der nichtcoupierte Schwanz, die kurzen Hinterbeine – alles stimmte.

Im Bruchteil einer Sekunde hatte der messerscharfe Geist des großen Detektivs diese harte Nuß geknackt.

DER PRINZ VON WÜRTTEMBERG WAR EIN HUND!!!!

Hastig warf er sich einen Domino über die Dienstmädchenkleidung und stürzte aus dem Haus. Er rief eine vorüberfahrende Droschke und war in kurzer Zeit zu Hause.

»Ich hab es«, sagte er nach Luft schnappend zu seinem Sekretär. »Ich habe die Mosaikstückchen zusammengesetzt. Logik und Analysis haben das Problem gelöst. Menschenskind!« Hinterbeine, behaarter Rükken, feuchte Schnauze, kleines Hundchen. »Sagt Ihnen das nichts?«

»Nichts«, sagte der Sekretär, »absolut rätselhaft.«

Der große Detektiv hatte sich von seiner Erregung erholt und lächelte sanft.

»Die Lösung ist einfach, wie alles Geniale, mein lieber Freund. Der Prinz von Württemberg ist ein preisgekrönter Dachshund. Die Gräfin von Dashleigh hat ihn aufgezogen. Er ist 25.000 Pfund wert, zuzüglich 10.000 Pfund, wenn er auf der Pariser Hundeausstellung den 1. Preis bekommt. Da ist es doch selbstverständlich, daß...«

Hier wurde der große Detektiv durch den Schrei einer Frau unterbrochen.

»Großer Gott!«

Die Gräfin von Dashleigh stürzte in das Zimmer.

Sie sah schrecklich und ihr Kopfschmuck verheert aus.

Die Perlen kleckerten auf den Boden.

Klagend rang sie die Hände.

»Sie haben seinen Schwanz gestutzt«, keuchte sie, »und ihm den Rücken getrimmt. Was soll ich tun? Ich bin ruiniert.«

»Madam«, sagte der große Detektiv ruhig wie ein Standbild, »nehmen Sie sich zusammen! Ich rette Sie.«

»Sie?«

»Ich!«

»Wie?«

»Das werde ich Ihnen sagen. Der Prinz sollte in Paris gezeigt werden.«

Die Gräfin nickte.

»Sie haben all Ihr Vermögen in ihn investiert.«

Die Gräfin nickte erneut.

»Der Hund wurde gestohlen und nach London überführt, wo man seinen Schwanz verkürzte und die Zeichnung seines Fells verpfuschte.«

Wie erschlagen von der Allwissenheit des Detektivs nickte die Gräfin und nickte und nickte.

»Und Sie sind ruiniert.«

»Ja«, seufzte die Gräfin und sank auf einen Perlenhaufen.

»Madam«, sagte der große Detektiv, »noch ist kein Grund, die Ohren hängen zu lassen.«

Er erhob sich zu voller Höhe. Der Ausdruck eiserner Standhaftigkeit durchzuckte seine Erscheinung.

In seiner Hand lagen die Ehre Englands und das Glück der schönsten Frau Englands.

»Ich tue es«, murmelte er.

»Erheben Sie sich, teure Frau«, fuhr er fort, »fürchten Sie nichts. ICH WERDE IHR HUND SEIN!!!«

In dieser Nacht konnte man den großen Detektiv an Deck des Postdampfers sehen, der nach Calais fuhr. Er war auf Händen und Knieen, hatte einen langen schwarzen Mantel an, und sein Sekretär hielt ihn an einer kurzen Kette.

Fröhlich bellte er die Wellen an und leckte die Hand des Sekretärs.

»So ein süßer Hund«, sagten die Passagiere.

Die Verkleidung war vollkommen.

Der große Detektiv war mit Zelleim bekleistert und mit Hundehaaren bestreut. Farbe und Muster der kurzen Haare stimmten haargenau. Dank einer Kopplungsautomatik bewegte sich der Schwanz entsprechend seiner Stimmung. Und er hatte tiefe kluge Hundeaugen.

Am anderen Tag wurde er auf der internationalen Ausstellung in der Dachshundklasse gezeigt und gewann alle Herzen.

»Quel beau chien!« riefen die Franzosen.

»Bene Beene!« riefen die Italo-Berliner.

Der große Detektiv gewann die Goldmedaille!

Das Vermögen der Gräfin war gerettet.

Unglücklicherweise aber hatte sich der Detektiv keine Hundemarke gekauft und wurde von einem Hundefänger getötet. Aber das gehört nicht hierher und wird nur berichtet, weil es etwas seltsam ist.

»Q«. Eine psychische Pstory vom Psübernatürlichen

Ich kann nicht erwarten, daß einer meiner Leser mir die Geschichte glauben wird, die ich jetzt berichten werde. Rückblickend glaube ich sie ja kaum selber. Jedoch meine Geschichte ist so außergewöhnlich und erhellt so sehr die Natur unserer Kommunikation mit Wesen aus einer anderen Welt, daß ich fühle, daß ich nicht berechtigt bin, sie dem Publikum vorzuenthalten.

Ich war auf einen Sprung hinübergegangen, um Annerly in seiner Wohnung zu besuchen. Es war Sonnabend, der 31. Oktober. Ich erinnere mich so genau an das Datum, weil es mein Zahltag gewesen war und ich sechs Sovereigns und zehn Shilling erhalten hatte. Ich erinnere mich an die Summe so genau, weil ich das Geld in meine Tasche gesteckt hatte, und ich erinnere mich auch, in welche Tasche ich es gesteckt hatte, weil ich in keiner anderen Tasche Geld hatte. In allen diesen Punkten ist mein Verstand völlig klar.

Annerly und ich saßen eine Weile so da, und wir rauchten.

Dann – ganz plötzlich – »Glaubst du an das Übernatürliche?« fragte er.

Ich stutzte, als hätte ich einen Schlag bekommen.

In dem Moment als Annerly vom Übernatürlichen gesprochen hatte, hatte ich an etwas ganz anderes gedacht. Die Tatsache, daß er davon sprach, während ich an sonstwas dachte, berührte mich als ein, gelinde gesagt, einzigartiges Zusammentreffen.

Einen Moment konnte ich ihn nur anstarren.

»Ich meine: Glaubst du an ein Erscheinen der Toten?«

»Erscheinen?«, wiederholte ich.

»Ja, Phantasmen oder Phänogramme, falls du dieses Wort vorziehst. Oder du kannst, wenn du willst auch phänogrammatikalische Manifestationen oder einfacher psychophantasmalische Phänomene dazu sagen.«

Ich betrachtete Annerly mit so gespannter Aufmerksamkeit, wie ich sie noch nie für ihn empfunden hatte. Ich fühlte, daß er im Begriff war, sich mit Ereignissen und Experimenten zu beschäftigen, von denen er in den zwei oder drei Monaten, die ich ihn kannte, nie in der Lage gewesen war zu sprechen.

Ich wunderte mich nun, wieso es mir nie in den Sinn gekommen war, daß ein Mann, dessen Haar schon mit 55 graue Strähnen aufwies, schreckliche Prüfungen durchgemacht haben mußte.

Nach kurzer Zeit sprach Annerly wieder.

»Letzte Nacht sah ich Q«, sagte er.

»Großer Gott!«, stieß ich hervor. Ich hatte nicht die geringste Ahnung wer Q war, aber es jagte mir einen Schauer unbeschreiblichen Schreckens durch die Glieder, daß Annerly ihn gesehen hatte. In meinem ruhigen und gemächlichen Leben war so etwas nie passiert.

»Ja«, sagte Annerly, »ich sah Q so deutlich, als ob er hier stehen würde. Aber vielleicht sollte ich dir lieber etwas von meinem damaligen Verhältnis zu Q erzählen.

Dann wirst du die gegenwärtige Situation genau verstehen.«

Annerly setzte sich auf der anderen Seite vom Kaminfeuer auf einen Stuhl, zündete sich eine Pfeife an und fuhr fort:

»Als ich Q kennenlernte, lebte er nicht weit von einer Kleinstadt im Süden Englands, die ich X nennen will und war mit einem schönen talentierten Mädchen verlobt, daß ich M nennen möchte.«

Annerly hatte kaum zu sprechen begonnen, als ich auch schon merkte, daß ich förmlich an seinen Lippen hing. Mir wurde klar, daß es keine gewöhnliche Erfahrung war, von der er zu berichten im Begriff war. Ich hatte den sehr starken Verdacht, daß Q und M nicht die wirklichen Namen seiner unglücklichen Bekannten waren, sondern in Wirklichkeit zwei Buchstaben des Alphabets, willkürlich ausgewählt, um die Namen seiner Freunde zu verbergen. Während ich noch diese Genialität bewunderte, fuhr Annerly fort:

»Als Q und ich das erste mal Freunde wurden, hatte er einen Lieblingshund, den ich, wenn das nötig sein sollte, Z nennen könnte und der ihn auf seinen täglichen Gängen und nach X und zurück begleitete.

»Hin und zurück«, wiederholte ich erstaunt.

»Ja«, sagte Annerly, »hin und zurück.«

Mein Geist war nun hellwach. Daß Z Q von X begleitet haben sollte, war mir vollkommen verständlich, aber daß er ihn erst auch dorthin begleitet haben sollte, überstieg mein Begriffsvermögen.

»Well«, sagte Annerly, »Q und Miss M wollten heiraten. Alles war arrangiert. Die Hochzeit sollte Silvester stattfinden. Genau sechs Monate und vier Tage vor diesem Tag (ich erinnere mich an das Datum, weil mir dieses Zusammentreffen damals so überaus seltsam erschien) kam Q spät am Abend voller Kummer zu mir. Er hatte gerade, sagte er, eine Vorahnung seines eigenen Todes gehabt. Als er an diesem Abend mit Miss M auf der Veranda ihres Hauses saß, hatte er deutlich eine Erscheinung des Hundes R auf der Straße vorbeigehen sehen.«

»Moment mal«, sagte ich. »Sagtest du nicht, daß der Name des Hundes Z wäre?«

Annerly runzelte leicht die Stirn.

»Ganz recht«, antwortete er, »Z oder genauer Z R, denn Q hatte die Angewohnheit, wahrscheinlich je nach Laune, ihn mal R und mal Z zu nennen. Well, dann ging die Projektion oder das Phänogramm des Hundes so deutlich an ihnen vorbei, daß Miss M schwor, daß sie hätte glauben können, daß es der Hund selber war. Dem Hause gegenüber blieb das Phantasiegebilde einen Moment stehen und wedelte mit dem Schwanz. Dann ging es weiter und verschwand bald hinter einer Mauer, als hätten es die Mauersteine verschluckt. Was die Sache noch geheimnisvoller machte, ist, daß die Mutter von Miss M, die teilweise blind ist, den Hund auch nur zum Teil gesehen hatte.«

Annerly machte eine kleine Pause. Dann fuhr er fort:

»Diese einzigartige Erscheinung wurde von Q, ohne Zweifel berechtigt, als Vorzeichen seines nahenden Todes gedeutet. Ich tat, was ich konnte, ihm dieses

Gefühl zu nehmen, aber das war unmöglich, und plötzlich drückte er mir die Hand und verließ mich, überzeugt, daß er morgen tot sein werde.«

»Großer Gott!«, rief ich aus, »und starb er in der Nacht?«

»Nein«, sagte Annerly ruhig, »das ist das Unerklärliche an der Geschichte.«

»Erkläre es mir!«, sagte ich.

»Er stand an diesem Morgen auf, wie immer, zog sich mit der ihm eigenen Sorgfalt an, wobei er kein Kleidungsstück ausließ, und ging zur gewohnten Stunde in sein Büro. Er erzählte mir hinterher, daß er sich genau an die Umstände erinnerte, weil er den Weg zum Büro eingeschlagen hatte, den er immer ging, und keinen anderen.«

»Warte mal«, sagte ich, »passierte irgendetwas Ungewöhnliches an diesem besonderen Tag?«

»Ich dachte es mir schon, daß du dies fragen würdest«, sagte Annerly, »aber so viel ich weiß, passierte überhaupt nichts. Q kam von der Arbeit nach Hause, aß so viel wie immer und ging sofort schlafen. Er klagte über eine leichte Benommenheit, sonst nichts. Seine Stiefmutter, mit der er lebte, sagte später, sie habe ihn während der Nacht sehr deutlich atmen gehört.«

»Und starb er dann in jener Nacht?«, fragte ich, atemlos vor Aufregung.

»Nein«, sagte Annerly, »er stand am nächsten Morgen auf und fühlte sich wie vorher, außer daß die Benommenheit offenbar verschwunden war und daß sein Atmen nicht mehr zu hören war.«

Annerly versank wieder in Schweigen. Ich war so begierig, den Rest seiner erstaunlichen Erzählung zu hören, daß ich ihm nicht mit Fragen zusetzen wollte. Die Tatsache, daß unsere Bekanntschaft bis dato nur formell war und daß er mich zum ersten Mal in seine Wohnung eingeladen hatte, hielt mich von zu großer Aufdringlichkeit ab.

»Well«, fuhr er fort, »danach ging Q mit absoluter Regelmäßigkeit täglich in sein Büro. So viel ich weiß, gab es weder in seinem Verhalten noch in seiner Umgebung irgendetwas, daß eine Bedrohung für ihn angezeigt hätte. Er besuchte Miss M regelmäßig und der Hochzeitstag kam jeden Tag näher.«

»Jeden Tag?« wiederholte ich erstaunt.

»Ja«, sagte Annerly, »jeden Tag. Einige Zeit vor seiner Hochzeit sah ich ihn selten. Aber vierzehn Tage vor dem Ereignis begegnete er mir auf der Straße. Für einen Moment schien er stehenbleiben zu wollen, lüftete dann aber seinen Hut, lächelte und ging weiter.«

»Einen Moment«, sagte ich, »wenn du mir eine Frage gestattest, die wichtig zu sein scheint – ging er erst weiter und lächelte dann und lüftete danach seinen Hut, oder lächelte er in seinen Hut, lüftete ihn und ging dann weiter?«

»Deine Frage ist vollkommen berechtigt«, sagte Annerly, »aber ich glaube, daß ich sie genau beantworten kann. Er lächelte zuerst, hörte dann auf zu lächeln und lüftete den Hut, dann hörte er auf, den Hut zu lüften, und ging weiter.«

»Wie dem auch sei«, fuhr er fort, » die wesentliche

Tatsache ist die: Am dafür vorgesehenen Tag wurden Q und Miss M ordnungsgemäß verheiratet.«

»Unmöglich!« staunte ich, »ordnungsgemäß verheiratet, alle beide?«

»Ja«, sagte Annerly, »beide zur gleichen Zeit. Nach der Hochzeit verließen Mr. und Mrs. Q...«

»Mr. und Mrs. Q«, wiederholte ich erstaunt.

»Ja«, antwortete er, »Mr. und Mrs. Q, denn nach der Hochzeit nahm sie den Namen Q an, verließen England und wanderten nach Australien aus, wo sie sich niederließen.«

»Einen Moment bitte«, sagte ich, »ich will völlig klar sehen. Als sie nach Australien gingen, um sich dort niederzulassen, wollten sie dort wohnen?«

»Ja«, sagte Annerly, »so faßte man es allgemein auf. Ich brachte sie selbst zum Dampfer und schüttelte Q die Hand, wobei ich ganz nahe bei ihm stand.»

»Well«, sagte ich, »und hast du etwas von den beiden Qs (so wird man sie ja meiner Meinung nach nennen müssen) gehört, nachdem sie nach Australien ausgewandert waren?«

»Das«, antwortete Annerly, »ist eine Sache, die genau so einmalig ist, wie alles andere, was ich von der Geschichte weiß. Es ist nun vier Jahre her, daß Q und seine Frau nach Australien gingen. Zuerst hörte ich sehr regelmäßig von ihm und erhielt jeden Monat zwei Briefe. Danach erhielt ich nur alle zwei Monate einen Brief und später alle sechs Monate zwei Briefe und dann einen Brief alle zwölf Monate, und bis zur letzten Nacht habe ich seit anderthalb Jahren von Q gar nichts gehört.«

Ich war nun gespannt wie ein Flitzbogen.

»Letzte Nacht«, sagte Annerly ganz ruhig, »erschien Q in diesem Raum oder vielleicht ein Phantasiephänomen oder eine psychische Manifestation von ihm. Er schien sehr verzweifelt zu sein, machte Gesten, die ich nicht verstehen konnte und kehrte immer wieder das Futter seiner Hosentaschen nach außen. Ich war vor Schreck gelähmt und brachte keine Frage heraus. Vergeblich versuchte ich zu erraten, was er wollte. Darauf nahm das Phantasiegebilde einen Bleistift, der auf dem Tisch lag und schrieb: »Zwei Sovereigns, morgen nacht, dringend!«

Annerly schwieg wieder. Ich saß in Gedanken versunken da. »Wie würdest du die Bedeutung des Phänomens von Q interpretieren?«

»Ich denke«, gab Annerly zur Antwort, »es bedeutet folgendes: Q, der offenbar tot ist, wollte das Faktum gestikulieren, sozusagen die Idee entschleiern, daß er entfinanzialisiert ist und nächste Nacht zwei Sovereigns haben möchte.«

Erstaunt darüber, wie Annerly instinktiv in die Wunder der psychischen Welt eindrang fragte ich ihn: »Und wie willst du es ihm zukommen lassen?«

»Ich beabsichtige«, sagte er, »ein kühnes Experiment zu versuchen, daß uns, wenn es gelingt, in sofortige Verbindung mit der Welt der Geister bringen wird. Es ist mein Plan, zwei Sovereigns während der Nacht hier auf der Tischkante liegen zu lassen. Wenn Sie am Morgen weg sind, werde ich wissen, daß Q es fertiggebracht hat, sich zu deastralisieren und die Sovereigns zu nehmen.

Die Frage ist nur, hast du zufällig zwei Sovereigns bei dir? Ich habe unglücklicherweise nur Kleingeld.«

Hier trat einer der seltenen glücklichen Zufälle ein, ein Zusammentreffen, welches ein weiteres Kettenglied in der Kette der Umstände war. Es erwies sich, daß ich meinen Wochenlohn von sechs Sovereigns bei mir hatte.

»Glücklicherweise«, sagte ich, »bin ich in der Lage, das zu arrangieren. Ich habe zufällig Geld bei mir.« Und ich nahm zwei Sovereigns aus meiner Tasche.

Annerly war glücklich. Unsere Vorbereitungen für das Experiment waren schnell gemacht.

Wir stellten den Tisch derart in die Mitte des Raumes, daß kein Kontakt mit einem anderen Möbelstück zu befürchten war. Die Stühle wurden sorgfältig an die Wand gestellt und so plaziert, daß keine zwei von ihnen den Platz von zwei anderen einnahmen, während die Bilder und Ornamente nicht angerührt wurden. Wir sahen uns sehr vor, daß wir keine Tapete von der Wand rissen oder eine Fensterscheibe aus dem Rahmen nahmen. Als alles fertig war. wurden die Sovereigns Seite an Seite auf den Tisch gelegt, dergestalt, daß die Oberseite nach oben zeigte und die Unterseite nur vom Tisch selbst getragen wurde. Dann machten wir das Licht aus. Ich sagte »Gute Nacht« und tastete mich in die Dunkelheit hinaus, wobei ich vor Aufregung fieberte.

Meine Leser können sich wohl vorstellen, wie begierig ich war, das Ergebnis des Experimentes zu erfahren. Ich konnte kaum schlafen. Ich glaubte natürlich fest an die Vollständigkeit unserer Vorbereitungen, war aber nicht ohne böse Ahnungen, daß das Experiment fehlschlagen könnte, weil mein eigenes mentales Temperament und meine mentale Disposition nicht genau von der Art sein könnten, die zum Erfolg des Experimentes notwendig waren.

Darüber hätte ich mir jedoch keine Sorgen zu machen brauchen. Die Ereignisse zeigten, daß mein Geist ein Medium oder, wenn das Wort besser ist, eine Transparenz der besten Güte für psychische Arbeit dieser Art war.

Am Morgen kam Annerly strahlenden Gesichtes in meine Wohnung gestürzt.

»Gloria Viktoria!« rief er aus, »wir hatten Erfolg! Die Sovereigns sind fort. Wir sind in direkter monetärer Kommunikation mit Q.«

Überflüssig zu sagen, wie das Glück mich durchschauerte. Den ganzen Tag und den ganzen nächsten Tag war mir stets der Gedanke gegenwärtig, daß ich mit Q in Verbindung war. Ich hatte nur die eine Hoffnung, daß sich eine erneute Gelegenheit für eine Interkommunikation mit der Welt der Geister ergeben würde.

In der folgenden Nacht wurden meine Wünsche erfüllt. Spät am Abend rief mich Annerly an.

»Komm sofort in meine Wohnung«, sagte er. »Qs Phänogramm kommuniziert mit uns.«

Ich hastete zu ihm und kam atemlos dort an. »Q war wieder hier«, sagte Annerly, »in derselben Verfassung wie vorher. Eine Projektion von ihm stand im Zimmer und schrieb fortwährend mit dem Finger auf dem Tisch. Ich konnte nur das Wort »Sovereigns« unterscheiden, aber mehr nicht.«

»Glaubst du nicht«, sagte ich, »daß Q aus den gleichen Gründen, die wir nicht ergründen können, wünscht, daß wir nochmals zwei Sovereigns dalassen?«

»Beim Jupiter!« sagte Annerly enthusiastisch, »ich glaube, du hast den Nagel auf den Kopf getroffen. Wir wollen es auf jeden Fall versuchen. Es kann nicht mehr als schiefgehen.«

In dieser Nacht legten wir wieder zwei von meinen Sovereigns auf den Tisch und stellten die Möbel mit der gleichen Sorgfalt um wie das letzte Mal.

Immer noch etwas im Zweifel über meine psychische Eignung für die Tätigkeit, mit der ich beschäftigt war, bemühte ich mich, meinen Geist möglichst niederzuhalten, um ein Anzeichen für eine Astralstörung sofort bemerken zu können. Das Ergebnis war so ein Zeichen. Unser Experiment war ein voller Erfolg. Am nächsten Morgen waren die Münzen verschwunden.

Ungefähr zwei Monate fuhren wir so mit unseren Experimenten fort. Annerly erzählte mir, daß er öfter bedeutende Geldsummen in Reichweite des Phantasmus zurückließ, welche dieser stets während der Nacht an sich nahm. Aber als Ehrenmann führte Annerly diese Experimente nie allein durch, außer wenn es unmöglich war, mich rechtzeitig zu benachrichtigen.

Manchmal rief er mich an und sagte bloß: »Q ist hier«. Oder er schickte mir ein Telegramm oder eine geschriebene Nachricht: »Q braucht Geld. Bring alles, was Du hast, aber nicht mehr.«

Mir war sehr viel daran gelegen, unsere Experimente zu veröffentlichen oder die Gesellschaft für psychische

Forschung und andere ähnliche Körperschaften für die kühne Verbindung zu interessieren, die wir zwischen der Welt der Vernunft und der psycho-astralen oder pseudo-ätherischen Existenz eingerichtet hatten. Es schien mir, als wäre es nur uns gelungen, Geld direkt und ohne Vermittlung von einer Welt in die andere zu bringen. Andere schafften es durch Einschalten eines Mediums oder dadurch, daß sie das Geld an eine okkulte Zeitschrift schickten. Aber wir hatten das Kunststück auf so einfache Weise vollbracht, daß es mich drängte, unsere Erfahrung zu publizieren, zum Nutzen solcher Menschen, wie ich einer bin.

Annerly hatte jedoch etwas dagegen. Er fürchtete , daß dadurch unsere Verbindung zu Q unterbrochen werden könnte.

Drei Monate nach unserem ersten inter-astral-psycho-monetären Experiment kam es zu einem Höhepunkt meiner Erlebnisse, der so mysteriös war, daß ich ganz perplex war.

Annerly besuchte mich an einem Nachmittag. Er sah nervös und deprimiert aus.

»Ich hatte gerade eine psychische Kommunikation von Q«, sagte er als Antwort auf meine Fragen, »aus der ich kaum schlau werde. So wie ich es beurteilen kann, hat Q einen Plan gemacht, andere Phantasmen für unsere Arbeiten zu interessieren. Er versprach auf seiner Seite des Abgrundes eine Gesellschaft zu gründen, die mit uns zum Zwecke monetärer Transaktionen zwischen den beiden Welten in Harmonie zusammenarbeiten will.«

Der Leser kann sich wohl vorstellen, daß meine Augen wegen der Großartigkeit der Aussicht, die sich da vor uns auftat, leuchteten.

»Q wünscht, daß wir alles Kapital, daß wir auftreiben können, zu ihm hinüberschicken, damit er damit eine Gesellschaft von Phänogrammen – oder in diesem Falle sollte man sie vielleicht besser Phantoide nennen – gründen kann.«

Ich hatte Annerly kaum begriffen, als ich auch schon begeistert war.

Wir entschlossen uns, in dieser Nacht das Experiment zu versuchen.

Mein eigenes weltliches Kapital war unglücklicherweise nicht groß. Ich hatte jedoch so um die 500 Pfund auf der Bank, die ich von meinem Vater geerbt hatte. Die konnte ich in wenigen Stunden abheben. Ich fürchtete jedoch, es könnte sich als zu wenig erweisen und Q könnte nicht in der Lage sein, seine Phantoid-Freunde damit zu organisieren.

Ich trug das Geld in Scheinen und Sovereigns in Annerlys Zimmer, wo es auf den Tisch gelegt wurde. Annerly war glücklicherweise in der Lage, eine größere Summe beizutragen, die er jedoch nicht neben die meinige legte, bevor ich mich zurückgezogen hatte, damit eine Konjunktion unserer monetären Persönlichkeit die Astralphänomene nicht entmaterialisieren sollte.

Dieses Mal machten wir unsere Vorbereitungen mit außergewöhnlicher Sorgfalt. Annerly war sehr sicher. Ich jedoch muß zugeben, daß ich außerordentlich nervös war, und fürchtete, etwas falsch zu machen. Wir zogen uns die Schuhe aus und gingen auf Strümpfen. Und auf Annerlys Vorschlag hin verstellten wir nicht nur die Möbel wie sonst, sondern drehten auch den Kohleneimer um und legten ein feuchtes Handtuch über den Papierkorb.

Als alles fertig war, schüttelte ich Annerlys Hand und ging in die Dunkelheit hinaus.

Am anderen Morgen wartete ich vergeblich. Es wurde neun Uhr, zehn Uhr und schließlich elf. Und immer noch kein Zeichen von ihm. Dann ging ich vor Aufregung fiebernd in seine Wohnung.

Man stelle sich meine äußerste Bestürzung vor, als sich erwies, daß Annerly verschwunden war. Er war wie vom Erdboden verschluckt. Durch welchen schrecklichen Irrtum in unseren Vorbereitungen, durch welche Vernachlässigung notwendiger psychischer Vorsichtsmaßnahmen ihn sein Schicksal ereilte, kann ich nicht sagen. Aber es war nur zu offensichtlich, daß Annerly mit dem Geld, für dessen Transfer er seine diesseitige Existenz aufs Spiel gesetzt hatte, in die astrale Welt hinübergerissen worden war.

Die Beweise seines Verschwindens waren eindeutig. Sobald ich es wagte, stellte ich einige heimliche Nachforschungen an. Die Tatsache, daß er hinübergespült wurde, während er noch für vier Monate die Miete schuldig war, und daß er verschwunden war, ohne die Zeit zu haben, einige unbezahlte Rechnungen örtlicher Händler zu begleichen, zeigte, daß es ihn urplötzlich entvisualisiert haben mußte.

Die schreckliche Furcht, daß man mich für seinen

Tod verantwortlich machen könnte, hielt mich lange davor zurück, die Angelegenheit zu veröffentlichen.

Bis zu diesem Moment war mir das Risiko nicht klar geworden, daß er eingegangen war, als wir uns so unbekümmert mit der Geisterwelt einließen. Annerly ist für die große Sache der psychischen Wissenschaft gefallen, und der Bericht von unseren Experimenten möge allen mit Vorurteilen behafteten ein Zeugnis der Wahrheit sein.

Guido der Gimpel von Ghent
Eine Romanze der Ritterlichkeit

Es war in der Hochkonjunktur der Ritterlichkeit. Alle waren durch und durch ritterlich.

Die Sonne ging langsam im Osten unter und schwebte gelegentlich auf und nieder, wie sie sich so herabsenkte. Dabei beleuchtete sie mit ihren sterbenden Strahlen die Türme der finsteren Burg Buggensberg.

Isolde die Schlanke stand auf einem mit Zinnen versehenen Turm der Burg. Sie streckte ihre Arme in die Luft, und ihr Gesicht, das sie wie zu einem Zwiegespräch mit dem Himmel nach oben kehrte, war heftig erregt vom Schmachten.

Dann und wann murmelte sie »Guido«, und jedesmal entriß sich ein tiefer Seufzer ihrer Brust.

Sylphengleich und ätherisch in ihrer Schönheit, schien sie kaum zu atmen.

In der Tat atmete sie auch fast nicht.

Sie war so biegsam und schlank, daß ihre Anmut der eines Längengrades glich. Ihr Körper schien viel zu zerbrechlich und dadurch für Bewegungen nicht geschaffen, während ihre Gesichtszüge von so zarter Form waren, daß sie jeden Gedanken an Gedanken ausschlossen.

Sie war von einem tiefblauen Mieder umgürtet, um das ein Gürtel gebunden war, den eine silberne Schnalle zierte, während sie ein Spitzenleibchen um die Hüfte gebunden hatte, daß an der Kehle in einem plissierten Reifrock endete. Auf ihrem Kopf trug sie einen Zuckerhut, der wie ein Kerzenauslöscher gebaut war, und unter einem Winkel von 45 Grad rückwärts zeigte.

»Guido«, murmelte sie, »Guido«.

Und von Zeit zu Zeit rang sie in heftiger Erregung die Hände und murmelte: »Er kummet nimmer.«

Die Sonne sank, und es wurde Nacht. Dunkelheit hüllte die düstere Burg Buggenberg und die alte Stadt Ghent zu ihren Füßen ein. Und wie die Dunkelheit dichter wurde, leuchteten die Fenster der Burg glutrot, denn es war das Julfest, und in der großen Halle der Burg fand ein Trinkgelage statt. Und in dieser Nacht feierte der Markgraf von Buggenberg ein Fest und feierte die Verlobung seiner Tochter Isolde mit Tancred dem Teelöffel.

Und zu dem Fest hatte er alle seine Lehnsmänner und Vasallen eingeladen, Hubert den Windhund, Edward den Ohrwurm, Rollo die Rumbuddel und viele andere.

Währenddessen stand die hohe Frau Isolde auf den Zinnen und jammerte nach dem abwesenden Guido.

Die Liebe von Guido und Isolde war von jener reinen und göttlichen Art, wie sie nur im Mittelalter vorkam. Sie hatten sich nie gesehen. Guido hatte Isolde nie gesehen, Isolde hatte Guido nie gesehen. Sie hatten sich nie sprechen gehört. Sie waren nie zusammengewesen. Sie kannten sich nicht.

Und doch liebten sie sich.

Ihre romantische Liebe war plötzlich da, mit all dem

geheimnisvollen Charme, der das Schönste an der Liebe ist.

Vor Jahren hatte Guido den Namen von Isolde der Schlanken auf einen Zaun gemalt gesehen.

Er wurde sogleich blaß und ohnmächtig und brach nach Jerusalem auf.

Am selben Tag sah Isolde, als sie durch die Straßen von Ghent ging, Guidos mit seinem Wappen versehenen Schild auf einer Wäscheleine hängen.

Sie fiel, mehr tot als lebendig, rückwärts in die Arme ihrer Kammerjungfer.

Von diesem Tag an liebten sie sich.

Isolde pflegte am frühen Morgen mit dem Namen Guidos auf den Lippen die Burg zu verlassen. Sie nannte den Bäumen seinen Namen. Sie flüsterte ihn den Blumen zu. Sie hauchte ihn den Vögeln entgegen. Viele kannten ihn schon. Manchmal ritt sie mit ihrem Zelter am Meeresufer und rief den Wellen »Guido« zu. Ein andermal nannte sie seinen Namen dem Gras oder einem Holzscheit oder einer Tonne Kohle.

Obwohl sich Guido und Isolde nie getroffen hatten, schätzten sie gegenseitig ihre äußere Erscheinung hoch. Unter seinem Panzer trug Guido eine in Eisen gestochene Miniatur Isoldes. Er hatte sie unten an der Klippe gefunden, auf der die Burg stand, zwischen dem Felsen und der alten Stadt Ghent.

Woher wußte er, daß es Isolde war?

Er brauchte niemanden zu fragen.

Sein *Herz* hatte gesprochen.

Das Auge der Liebe kann nicht getäuscht werden.

Und Isolde? Auch sie verehrte unter ihrem Leibchen eine Miniatur von Guido dem Gimpel. Sie hatte sie von einem fliegenden Händler, unter dessem Trödel sie sie entdeckt hatte. Und sie hatte sie mit Perlen bezahlt. Woher wußte sie, daß er es war? Durch das kunstvoll ausgemalte Wappen unter der Miniatur. Es war dasselbe Wappen, das sie zum ersten Mal so gerührt hatte. Sie hatte es im Schlafen und Wachen immer vor Augen: Ein Löwe, vollständig, geviertelt auf rotem Feld und drei Viertel eines Hundes in einem Buchweizenfeld.

Und wenn die reine Liebe in Isolde für Guido brannte, so brannte die Liebe Guidos zu Isolde mit einer nicht weniger reinen Flamme.

Kaum war Guido die Liebe ins Herz gefallen, als er auch schon beschloß, einige ritterliche Heldentaten zu vollbringen, einige besonders gewagte Unternehmungen zu unternehmen, damit er würdig genug wäre, um sie zu werben.

Er legte ein Gelübde ab, so lange nur Nahrung zu essen und nichts anderes als Flüssigkeiten zu trinken, bis er seine Heldentaten durchgeführt hätte.

Aus diesem Grunde hatte er sich sofort nach Jerusalem aufgemacht, um einen Sarazenen für sie zu töten. Er tötete einen, einen besonders großen. Immer noch unter seinem Gelübde stehend, machte er sich auf in die Gefilde Pannoniens, um einen Türken für sie zu töten. Von Pannonien ging er in das Hochland von Britannien, wo er ihr einen Kaledonier tötete.

Jedes Jahr und jeden Monat vollbrachte er für Isolde eine neue Heldentat.

Und unterdessen wartete Isolde.

Dabei gebrach es ihr nicht an Freiern. Isolde hatte Freier in Hülle und Fülle, die ihr jeden Wunsch von den Augen ablasen.

Ihr zu Ehren wurden täglich Waffentaten vollbracht. Um ihre Liebe zu gewinnen, waren die Freier bereit, sich zu Tode zu schwören. Für Isolde warf sich Otto der Otter in das Meer. Konrad die Kokosnuß warf sich von den höchsten Zinnen kopfüber in den Schlamm. Hugo der Hoffnungslose hatte sich mit dem Gürtel an einen Nußbaum gehängt und alle Angebote, ihn herunterzuholen, abgewiesen. Ihr zu Liebe trank Siegfried der Suspekte Schwefelsäure.

Aber Isolde beachtete diese Zeichen der Verehrung nicht.

Vergebens drang ihre Stiefmutter Agathe die Achtlose mit der Bitte in sie zu heiraten. Vergebens befahl ihr ihr Vater, der Markgraf von Buggenberg, sich einen Freier zu erwählen.

Ihr Herz blieb unerschütterlich dem Gimpel treu.

Von Zeit zu Zeit tauschten die Liebenden Zeichen ihrer Liebe aus. Von Jerusalem sandte ihr Guido einen Stock mit einer Kerbe, der seine unwandelbare Treue bezeugen sollte. Aus Pannonien sandte er ein Stück Brett und aus Venedig eine zwei Fuß lange Latte. Dies alles lag nachts unter Isoldes Kopfkissen.

Dann nach Jahren der Wanderschaft, hatte Guido beschlossen, seine Liebe mit einer letzten Tat für Isolde zu krönen.

Es war seine Absicht, nach Ghent zurückzukehren,

bei Nacht den Burgfelsen zu erklimmen und seine Liebe zu Isolde dadurch zu beweisen, daß er ihren Vater tötete, ihre Stiefmutter von den Zinnen warf, die Burg niederbrannte und sie entführte.

Er beeilte sich nun, diese Absicht auszuführen. Begleitet von fünfzig treuen Gefährten unter der Führung von Carlo dem Korkenzieher und Beowulf dem Bretterknaller begab er sich nach Ghent. Unter dem Schutze der Nacht erreichten sie den Fuß des Burgfelsens. Und nun krochen sie auf allen Vieren in einer Reihe den spiralförmigen Pfad hinauf, der zum Burgtor führte. Um sechs Uhr hatten sie eine Windung hinter sich. Um sieben Uhr hatten sie die zweite Runde geschafft, und als das Fest in der Halle auf dem Höhepunkt war, brachten sie die siebente Windung hinter sich.

Guido der Gimpel kroch voran. Sein Kettenhemd war unter einem Umhang verborgen, und in seiner Hand trug er ein Horn.

Es war so verabredet, daß er verkleidet durch das Nebentor in die Burg eindringen sollte, dem Markgrafen durch eine List den Schlüssel zum Haupttor stehlen und dann durch Blasen des Horns seine Anhänger zum Angriff rufen sollte. Auf, auf! Es war Eile geboten, denn just zu diesem Julfest hatte der Markgraf, ermüdet durch Isoldes Widerstand, beschlossen, ihre Hand Tancred dem Teelöffel zu geben.

Ein großes Trinkgelage war in der großen Halle im Gange. Der große Markgraf saß an der Stirnseite der Tafel und leerte eine Weinflasche nach der anderen und trank auf die Gesundheit von Tancred dem Teelöffel, der federgeschmückt und in voller Rüstung neben ihm saß.

Der Markgraf amüsierte sich köstlich, denn neben ihm kauerte ein neuer Narr auf dem Fußboden, den der Seneschall gerade durch das Nebentor eingelassen hatte. Und die Neuigkeit seiner Späße ließ das Zwerchfell des Grafen nicht zur Ruhe kommen.

»Potzblitz!« schrie er, »die Geschichte ist so außerordentlich, wie sie neu ist! Und der Fuhrmann sagte zum Pilger, wenn der ihn gebeten hatte, ihn in dieser Stadt vom Wagen herunterzubefördern, dann müsse er es nun auch tun, wenn es auch dämmerte. Bei St. Pancras! Von wannen hat der Kerl so eine feine Geschichte? Ach nein, erzähl sie mir noch einmal! Vielleicht kann ich sie mir merken.« Und der Markgraf fiel mit einem Lachanfall auf den Rücken.

Als er zurückfiel, sprang Guido, denn der verkleidete Narr war niemand anders als dieser, vorwärts und nahm vom Gürtel des Markgrafen den dort baumelnden Schlüssel des Haupttores.

Dann, seinen Narrenmantel und die Narrenkappe beiseite werfend erhob er sich in seinem Kettenhemd zu voller Höhe. In seiner Hand schwang er die doppelköpfige Kreuzfahrerkeule und in der anderen ein Horn.

Mit den Händen an ihren Dolchen sprangen die Gäste auf.

»Guido der Gimpel!« riefen sie.

»Halt!« sagte Guido, »ihr seid in meiner Hand!«

Dann setzte er das Horn an die Lippen, holte tief Atem und blies mit aller Kraft.

Und dann blies er wieder und wieder.

Es kam kein Ton.

»Ergreift ihn!« schrie der Baron.

»Halt«, sagte Guido, »ich beanspruche die Rechte der Ritterlichkeit. Ich bin hier, um Isolde zu verlangen, die von dir dem Tancred zugesprochen wurde. Laß mich mit Tancred in einem einfachen Kampf, Mann gegen Mann, kämpfen!«

Ein Beifallssturm des Einverständnisses erhob sich.

Der nun folgende Kampf war fürchterlich.

Zuerst erhob Guido seine Keule mit beiden Händen und schmetterte sie mit fürchterlicher Wucht auf Tancreds Helm. Dann stand Guido still, und Tancred erhob seine Keule und schmetterte sie auf Guidos Kopf. Dann stand Tancred still und kehrte Guido den Rücken zu, und Guido holte mit seiner Keule seitwärts aus und schlug ihn mit fürchterlicher Wucht genau in die Mitte des Rückens. Tancred gab den Schlag zurück. Dann ließ sich Tancred auf alle Viere nieder, und Guido schlug ihm mit der Keule auf den Rücken. Es war ein reiner Wettkampf der Fertigkeit und Gewandtheit. Eine Zeit lang war der Ausgang ungewiß. Dann verbog sich Tancreds Rüstung, seine Schläge wurden schwächer. Er fiel auf den Bauch. Guido nahm seinen Vorteil wahr und hämmerte ihn so flach wie eine Sardinenbüchse. Dann stellte er den Fuß auf Tancreds Brust, klappte sein Visier hoch und sah sich triumphierend um.

In dieser Sekunde erhob sich ein wiederhallender Schrei.

Isolde die Schlanke stürzte, durch Waffenlärm alarmiert, in den Raum.

Einen Moment sahen sich die Liebenden ins Gesicht.

Dann fielen sie mit in Agonie verzerrten Mienen in entgegengesetzten Richtungen in Ohnmacht.

Es war ihnen ein Fehler unterlaufen.

Guido war nicht Guido, und Isolde war nicht Isolde. Sie hatten sich in den Miniaturen geirrt. Jede war das Abbild eines anderen gewesen.

Sturmfluten des Bedauerns ergossen sich über die Herzen der Liebenden.

Isolde dachte an den unglücklichen Tancred, der so flachgehämmert wie eine Postkarte und hoffnungslos kaputt war, an Conrad die Kokosnuß, der kopfüber im Schlamm steckte, an Siegfried den Suspekten, der sich in Schwefelsäure aufgelöst hatte.

Guido dachte an die toten Sarazenen und die erschlagenen Türken.

Und alles umsonst.

Ihrer Liebe ward kein Lohn. Jeder von ihnen war nicht der, für den ihn der andere gehalten hatte. So ist es immer mit der Liebe in dieser Welt, und darin liegt die mittelalterliche Symbolik dieser Geschichte.

Die Herzen der beiden Liebenden brachen zur gleichen Zeit.

Sie verschieden.

Zur gleichen Zeit krochen Carlo der Korkenzieher und Beowulf der Bretterknaller mit ihren Gefährten Hals über Kopf und so schnell sie konnten die Spiralen hinab.

Gertrude die Gouvernante
oder: Die siebzehnjährige Naive

Zusammenfassung der vorherigen Kapitel:
Es gibt keine vorherigen Kapitel

Es war eine wilde stürmische Nacht an der Westküste von Schottland. Dies spielt freilich für diese Geschichte keine Rolle, denn sie spielt nicht im Westen Schottlands. In dieser Hinsicht war das Wetter an der Ostküste von Irland genauso schlecht.

Aber die Handlung spielt im Süden Englands in und um Knotacentinum Towers (gesprochen, als ob es Nosham Taws geschrieben würde), dem Sitz von Lord Knotacent (ausgesprochen, als ob es Nosh geschrieben würde).

Aber es ist nicht notwendig, einen dieser Namen beim Lesen auszusprechen.

Nosham Taws war ein typisch englisches Heim. Der Hauptteil des Hauses war ein elisabethanisches Bauwerk aus warmen roten Ziegelsteinen, während der ältere Teil, auf den der Graf außerordentlich stolz war, die Umrisse einer normannischen Befestigung zeigte, an den man ein Gefängnis im Stile des Königshauses Lancaster und ein Waisenhaus im Stile des Königshauses Plantagenet angebaut hatte. Vom Hause aus erstreckten sich in alle Richtungen Wälder und Parks aus Eichen und Ulmen, die so alt waren, daß niemand mehr wußte, wie alt sie waren, während näher am Haus Himbeerbüsche und Geranienpflanzen standen, welche die Kreuzfahrer angepflanzt hatten.

Um das große Haus herum war die Luft erfüllt vom Zirpen der Drosseln, vom Krächzen der Rebhühner und vom süßen reinen Ton der Saatkrähen, während Rehe, Antilopen und andere Vierfüßler über den Rasen trotteten so zahm, als würden sie von der Sonnenuhr essen. In der Tat war der Ort eine richtige Menagerie.

Vom Hause aus erstreckte sich eine schöne breite Allee durch den Park, die Heinrich VII. angelegt hatte.

Lord Nosh stand auf dem Kaminteppich der Bibliothek. Als trainierter Diplomat und Staatsmann, der er war, zeigte er ein verzerrtes Gesicht.

»Junge«, sagte er, »du wirst dieses Mädchen heiraten, oder ich enterbe dich. Du bist nicht mein Sohn«.

Der junge Lord Roland stand aufrecht vor ihm und warf einen ebenso trotzigen Blick zurück, wie er empfangen hatte.

»Ich biete dir Trotz«, sagte er. »Du bist hinfort mein Vater nicht mehr. Ich werde mir einen anderen anschaffen. Ich werde nur eine Frau heiraten, die ich lieben kann. Dieses Mädchen, das wir nie gesehen haben ...«

»Narr«, sagte der Graf, »willst du unseren tausend Jahre alten Besitz und Namen fortwerfen? Mir wurde gesagt, daß das Mädchen hübsch ist; und ihre Tante ist einverstanden; sie sind Französinnen; pah! davon versteht man etwas in Frankreich.«

»Aber deine Gründe ...«

»Ich nenne dir keine Gründe«, sagte der Graf. »Hör zu, Ronald, ich gebe dir einen Monat. So lange kannst du hier bleiben. Wenn du mir dann immer noch nicht folgst, werde ich dich enterben.«

Ronald sagte nichts. Er schwang sich aus dem Zimmer auf sein Pferd und stob verdattert in alle Himmelsrichtungen davon.

Als sich die Tür der Bibliothek hinter Ronald geschlossen hatte, sank der Graf in einen Sessel. Sein Gesicht veränderte sich. Es war nicht mehr das eines stolzen Edelmannes, sondern das eines gehetzten Verbrechers. »Er muß das Mädchen heiraten«, murmelte er. »Bald wird sie alles wissen. Tutchemow ist aus Sibirien geflohen. Er weiß es und wird es erzählen. Alle Bergwerke gehen in ihren Besitz über, dieses Anwesen ebenfalls und ich – aber genug davon.« Er erhob sich, ging zum Serviertisch und leerte eine Schöpfkelle voll Gin und Magenbitter und wurde wieder der hochwohlgeborene englische Adelige.

In diesem Moment bog ein großer, von einem Hund gezogener Wagen, den ein Fuhrknecht in der Livree des Grafen von Nosh lenkte, in die Allee von Nosham Taws ein. Neben ihm saß ein junges Mädchen, mehr ein Kind, tatsächlich nicht annähernd so groß wie der Fuhrknecht. Der Apfelpastetenhut mit dem schwarzen Federbusch aus Wolle darauf, den sie trug, verbarg ein Angesicht, angesichts dessen ein jeder sah, daß er eines Angesichts von Angesicht zu Angesicht angesichtig wurde.

Es war – überflüssig das zu erwähnen – Gertrude die Gouvernante, die an diesem Tag ihren Dienst auf Nosham Taws antrat.

Zur selben Zeit, als der Hundewagen in die Alle einbog, kam von der anderen Seite ein großer junger Reiter, dessen langes aristokratisches Gesicht seine Geburt verriet und der auf einem Pferd saß, dessen Gesicht noch länger war.

Und wer ist der junge große Mann, der sich Gertrude mit jeder Umdrehung seines Pferdes nähert? Na, wer schon? Na, wer wohl? Der Leser wird es nicht ahnen, aber es war tatsächlich niemand anders als Lord Ronald.

Es war den beiden vorherbestimmt, sich zu treffen. Sie kamen einander näher und näher. Und dann noch näher. Und dann trafen sie sich für einen kurzen Moment. Als sie aneinander vorbeifuhren, hob Gertrude den Kopf und richtete auf Ronald zwei Augen, die augenscheinlich so augenähnlich waren, als wären sie völlig kreisrunde Kreise, während Lord Ronald das Mädchen im Hundewagen so starrend anstarrte, daß ihn nur ein Star oder ein Stahlrohr an Intensität hätte übertreffen können.

War das die Morgenröte einer Liebe? Warte ab! Nimm dir nicht die Spannung!

Sprechen wir von Gertrude! Gertrude De-Mongmorenci McFiggin kannte weder ihren Vater noch ihre Mutter. Beide waren Jahre vor ihrer Geburt gestorben. Von ihrer Mutter wußte sie nichts Sicheres, außer, daß sie eine Französin und außerordentlich schön war und daß alle ihre Vorfahren und sogar ihre Geschäftsfreunde während der Revolution umgekommem waren.

Aber Gertrude ehrte das Andenken ihrer Eltern. Auf ihrer Brust trug das Mädchen ein Medaillon, in dem eine Miniatur von ihrer Mutter war. Auf ihrem Rücken hing eine Fotographie ihres Vaters. An den Manchetten trug sie ein Portrait ihrer Großmutter, und Bilder ihrer Cousins hatte sie sich in die Schuhe gestopft, und unter ihrer – nun ist es aber genug.

Von ihrem Vater wußte Gertrude noch weniger. Daß er ein hochgeborener englischer Gentleman war, der viele Länder bereist hatte, das war alles, was sie wußte. Seine einzige Hinterlassenschaft an Gertrude waren eine russische Grammatik, ein rumänisches Lehrbuch über Syntax, ein Theodolit und ein Buch über Bergbau.

Von ihren frühesten Kindertagen an war Gertrude von ihrer Tante aufgezogen worden. Ihre Tante hatte sie sorgfältig in den christlichen Grundsätzen unterrichtet und in den mohammedanischen noch dazu, denn doppelt hält besser.

Als Gertrude siebzehn war, war ihre Tante am Wasserkopf gestorben.

Die Begleitumstände waren mysteriös. An diesem Tag hatte ein Mann mit seltsamen Bart in russischer Kleidung nach ihr gefragt. Als er gegangen war, hatte Gertrude ihre Tante in einer Ohnmacht gefunden, die in einen Redeschwall überging, von dem sie sich nie erholte.

Um einen Skandal zu vermeiden, wurde es Wasserkopf genannt. Gertrude wurde so in die Welt hinausgeworfen. Was sollte sie tun? Das war die Frage.

Als sie eines Tages über ihr Schicksal nachsann, stieß ihr Auge auf eine Annonce.

»Gouvernante gesucht. Erforderlich: Kenntnisse in Französisch, Italienisch, Russisch und Rumänisch, Musik und Bergbau. Lohn 1 Pfund 4 Shilling und 4½ Pence im Jahr. Bewerbungen zwischen halb zwölf und fünf nach halb zwölf, »Belgravia Terrace« 41 A Komma 6. Die Gräfin von Nosh.«

Gertrude war ein Mädchen von großer natürlicher Schnellheit und Auffassungsgabe. Sie hatte kaum eine halbe Stunde über diese Annonce nachgegrübelt, als ihr auch schon die außerordentliche Übereinstimmung der Liste der geforderten Kenntnisse mit ihren eigenen Fähigkeiten auffiel.

Sie stellte sich pünktlich auf der »Belgravia Terrace« der Gräfin vor, die so charmant zu ihr war, daß sich das Mädchen sofort sicher fühlte.

»Sie sprechen Französisch für Fortgeschrittene?«, fragte sie.

»Oh oui«, sagte Gertrude bescheiden.

»Und Italienisch?«, fuhr die Gräfin fort.

»Oh si«, sagte Gertrude.

»Und Deutsch?«, sagte die Gräfin entzückt.

»Ah ja«, sagte Gertrude.

»Und Russisch?«

»Jau.«

»Und Rumänisch?«

»Jep.«

Überrascht von den außerordentlichen Kenntnissen des Mädchens in lebenden Sprachen faßte die Gräfin sie scharf ins Auge? Wo hatte sie diese Gesichtszüge schon einmal gesehen? Gedankenverloren strich sie sich über ihre Augenbraue und spuckte auf den Fußboden. Aber das Gesicht brachte sie durcheinander.

»In Ordnung«, sagte sie, »ich engagiere Sie vom Fleck weg; morgen gehen Sie nach Nosham Taws und unterrichten die Kinder. Ich muß hinzufügen, daß zusätzlich von Ihnen erwartet wird, daß Sie dem Grafen bei seiner russischen Korrespondenz helfen. Er hat große Bergwerksanteile in Tschminsk.

Tschminsk! Warum hallte dieses einfache Wort in Gertruds Ohren wider? Warum? Weil dies der Name war, der in der Handschrift ihres Vaters auf der Titelseite seines Buches über Bergbau geschrieben stand. Was für ein Geheimnis lag hier vor?

Am folgenden Tag fuhr Gertrude die Allee entlang.

Sie entstieg dem Hundewagen und passierte eine Phalanx sieben Reihen tief gestaffelter Diener. Jedem von ihnen gab sie einen Sovereign als sie vorbeiging und betrat Nosham Taws.

»Willkommen«, sagte die Gräfin, als sie ihr half, ihre Truhe nach oben zu tragen.

Dann kam das Mädchen wieder herunter und wurde in die Bibliothek geführt, wo sie dem Grafen vorgestellt wurde. Sobald der Blick des Grafen auf das Gesicht der neuen Gouvernante fiel, stutzte er sichtlich. Wo hatte er diese Gesichtszüge schon einmal gesehen? Wo war es gewesen? Beim Rennen, oder im Theater, im Bus? Nein.

Ein dünnerer Faden der Erinnerung flatterte in seinem Kopf. Er schritt hastig zum Beistelltisch, leerte anderthalb Schöpfkellen Brandy und wurde wieder der perfekte englische Gentleman.

Während Gertrude sich ins Kinderzimmer begibt, um sich mit ihren Pflegebefohlenen, zwei süßen goldhaarigen Kindern, bekanntzumachen, wollen wir etwas über den Grafen und dessen Sohn erfahren.

Lord Nosh war der Typ des perfekten englischen Adligen und Staatsmannes. Die Jahre, die er im diplomatischen Dienst in St. Petersburg und Salt Lake City verbracht hatte, hatten ihn mit besonderer Finesse und Noblesse ausgerüstet, während sein langer Aufenthalt auf St. Helena, Pitcairn Island und Hamilton/Ontario ihn für äußere Eindrücke unempfindlich gemacht hatten. Als stellvertretender Zahlmeister der Miliz der Grafschaft hatte er die ernsteren Seiten des militärischen Lebens kennengelernt. Außerdem hatte er das Amt des Dieners geerbt, welcher dem König am Sonntag beim Ankleiden die Hosen reichte. Dadurch war er in unmittelbaren Kontakt zum Hof gekommen.

Seine Vorliebe für das Vergnügen im Freien machte ihn bei seinen Pächtern beliebt. Als mutiger Sportsmann vergnügte er sich mit der Fuchsjagd, der Hundejagd, Schweineschlachten und Fledermausfangen und allem Zeitvertreib seiner Klasse.

In letzterer Hinsicht kam Lord Ronald nach seinem Vater. Von Anbeginn an hatte der Knabe zu den schönsten Hoffnungen Anlaß gegeben. In Eton zeigte er sich recht gut in Racket und Federball, und in Cambridge war er Klassenbester in Handarbeit. Schon wurde sein Name in Verbindung mit der Allenglischen Tischtennismeisterschaft genannt, ein Triumph der zweifellos mit einem Sitz im Parlament verbunden war.

So wurde also Gertrude, die Gouvernante, in Nosham Taws angestellt.

Die Tage und Wochen vergingen schnell.

Der naive Charm der schönen Waise rührte alle Herzen. Ihre zwei kleinen Schüler wurden ihre Sklaven. »Ich liebe dir«, sagte manchmal die kleine Rachelengel und legte ihren goldenen Lockenkopf in Gertrudes Schoß. Sogar die Diener liebten sie. Der Obergärtner brachte ein Bouquet schöner Rosen in ihr Zimmer, bevor sie aufgestanden war, der zweite Gärtner brachte ein Bouquet frühen Blumenkohls, der dritte eine späte Spargelstange, und sogar der zehnte und elfte ein Stück Mangoldwurzel oder einen Arm voll Heu. Ihr Zimmer war immer voller Gärtner, während am Abend der alte Butler, gerührt von der Einsamkeit des freundlichen Mädchens, an ihre Tür klopfte und ihr einen Roggenwhisky mit Selter oder einen Kasten Pittsburger Stogies brachte. Sogar die stummen Kreaturen schienen sie in ihrer eigenen stummen Art zu bewundern. Die stummen Krähen setzten sich auf ihre Schulter und jeder stumme Hund in der Umgebung folgte ihr.

Und Ronald! Ach Ronald! Ja, in der Tat! Sie hatten sich getroffen. Sie hatten miteinander gesprochen.

»Was für ein trüber Morgen«, hatte Gertrude gesagt. *»Quel triste matin! What a dammned day!«*

»Viehisch«, hatte Ronald geantwortet.

»Viehisch!!« Das Wort klang ihr noch den ganzen Tag in den Ohren. Danach waren sie immer zusammen. Sie spielten am Tage Tennis und Tischtennis. Und am Abend spielten sie, der gezwungenen Atmosphäre des Hauses gemäß, mit dem Grafen und der Gräfin einen Fünfundzwanzig-Cent-Poker, und später saßen sie noch zusammen auf der Veranda und sahen den Mond in großen Kreisen rund um den Horizont zirkulieren.

Es dauerte nicht lange, bis Gertrude begriff, daß Lord Ronald ein wärmeres als ein bloßes Ping-Pong-Gefühl für sie hegte. Es kam vor, daß er in ihrer Gegenwart, besonders nach dem Dinner, in einen Zustand völliger Leere versank.

Eines Nachts, als sich Gertrude in ihre Kammer zurückzog und im Begriff war, sich zu entkleiden, bevor sie in die Kissen sank – mit anderen Worten: bevor sie zu Bett ging – stieß sie die Fensterflügel weit auf (öffnete das Fenster) und erschaute (sah) Lord Ronalds Gesicht. Er saß auf einem Dornbusch unter ihr, und sein erregtes Gesicht war bleich und geistesabwesend.

Währenddessen vergingen die Tage. Das Leben auf Taws verging mit der gewöhnlichen Routine eines großen englischen Haushaltes. Um 7 Uhr wurde man durch einen Gong geweckt, um 8 Uhr wurde ein Horn zum Frühstück geblasen, während um 8 Uhr 30 eine Pfeife zum Gebet pfiff, um 13 Uhr wurde zum Lunch eine Flagge auf Halbmast gesetzt, um 16 Uhr wurde eine Kanone abgefeuert, als Signal zum Tee, um 21 Uhr läutete eine Glocke zum Umziehen, um 21 Uhr 15 rief eine zweite Glocke auf, mit dem Umziehen fortzufahren, während um 21 Uhr 30 eine Rakete abgefeuert wurde, zum Zeichen, daß das Dinner fertig war. Um Mitternacht war das Dinner vorbei, und um 1 Uhr rief eine Glocke die Dienerschaft zum Abendgebet.

Inzwischen war das einmonatige Ultimatum, welches der Graf Lord Ronald gestellt hatte, abgelaufen. Es war schon der 15. Juli, und ein oder zwei Tage später war der 17. Juli, und gleich danach kam der 18. Juli.

Manchmal sagte der Graf, wenn er Lord Ronald in der Halle begegnete ernst zu diesem: »Denk daran, Junge: deine Einwilligung, oder ich enterbe dich.«

Und wie dachte der Graf über Gertrude? Dies war ein bitterer Tropfen im Glücksbecher des Mädchens. Aus Gründen, die sie nicht ergründen konnte, bewies ihr der Graf deutlich seine Antipathie.

Einmal warf er einen Stiefelknecht nach ihr, als sie an der Tür der Bibliothek vorbeiging. Bei einer anderen Gelegenheit, als er beim Essen mit ihr allein war, schlug er ihr mit einer Bratwurst brutal ins Gesicht.

Es gehörte zu ihren Aufgaben, die russische Korrespondenz des Grafen zu übersetzen. Vergeblich forschte sie in dieser nach dem Geheimnis. Eines Tages bekam der Graf ein Telegramm aus Rußland. Gertrude übersetzte es ihm laut.

»Tutchemow ist zu der Frau gegangen. Sie ist tot.«

Als der Herzog das hörte, wurde er dunkelblau vor Wut. Eben an diesem Tag schlug er sie mit der Wurst.

Eines Tages sah Gertrude die Korrespondenz des Grafen noch einmal durch, als dieser auf der Fledermausjagd war. Mit der süßen weiblichen Neugier, die stärker war als die Furcht vor schlechter Behandlung, fand sie plötzlich den Schlüssel zu dem Geheimnis.

Lord Nosh war nicht der rechtmäßige Eigentümer von Taws. Sein entfernter Cousin der älteren Linie, der wahre Erbe, war in einem russischen Gefängnis gestorben, in das ihn die dunklen Machenschaften des Grafen gebracht hatten, als dieser Botschafter in Tschminsk war. Die Tochter dieses Cousins war die rechtmäßige Besitzerin von Nosham Taws.

Die Familiengeschichte lag offen vor Gertrude. Nur den Namen der rechtmäßigen Erbin gaben die Dokumente nicht her.

Seltsam ist das Herz einer Frau. Wandte sich Gertrude voller Verachtung vom Grafen ab? Nein. Ihr eigenes Schicksal hatte sie Mitgefühl gelehrt.

Aber das Geheimnis blieb ein Geheimnis! Warum stutzte der Graf immer deutlich, wenn er ihr ins Gesicht blickte? Manchmal zuckte er ganze vier Zentimeter zurück, so daß es jeder sehen konnte. Wenn dies geschah, pflegte er hastig eine Schöpfkelle voll Rum und Vichyer Mineralwasser zu leeren und wurde wieder der korrekte englische Gentleman.

Die Entscheidung kam bald. Gertrude vergaß es nie.

Es war in der Nacht des großen Balls auf Nosham Taws. Die gesamte Nachbarschaft war eingeladen. Mit welcher Vorahnung hatte Gertrudes Herz geschlagen, und mit was für einer nervösen Unruhe hatte sie ihre dürftige Garderobe überholt, um in Ronalds Augen nicht unwürdig zu erscheinen! Ihre Vorräte waren freilich spärlich, aber das Bekleidungsgenie, daß sie von ihrer französischen Mutter geerbt hatte, kam ihr sehr zustatten. Sie flocht sich eine einzelne Rose ins Haar und erfand aus alten Zeitungen und der Innenseite eines Schirms ein Kleidungsstück, das den Hof begeistert hätte. Um ihre Hüfte trug sie eine Sackschnur, und ein Stück Spitze, das mal ihrer Mutter gehört hatte, war mit einem Faden an ihrem Ohr befestigt.

Gertrude war aller Augen Polarstern. Sie glitt zu den Tönen der Musik einher, ein Bild mädchenhafter Unschuld, welches niemand ohne Nichtunentzücktheit betrachten konnte.

Der Ball war auf seinem Höhepunkt und bewegte sich immer noch aufwärts.

Ronald stand mit Gertrude im Gebüsch. Sie sahen sich in die Augen.

»Gertrude«, sagte er, »ich liebe dich.«

Einfache Worte, aber sie ließen jede Faser im Kostüm des Mädchens erzittern.

»Ronald!« sagte sie und warf sich ihm an den Hals.

In diesem Moment stand plötzlich der Graf neben ihnen im Mondlicht. Sein undurchdringliches Gesicht war vor Wut verzerrt.

»So, so«, sagte er, indem er sich zu Ronald wandte, »du hast augenscheinlich deine Wahl getroffen.«

»Ja«, sagte Ronald stolz.

»Du ziehst dieses mittellose Mädchen der Erbin vor, die ich für dich ausgesucht habe?!«

Gertrudes erstaunte Blicke wanderten vom Vater zum Sohn.

»Ja«, sagte Ronald.

»Nun, so sei es«, sagte der Graf, indem er eine Schöpfkelle voll Gin leerte, die er mit sich trug, und damit seine Ruhe wiedergewann. »Dann enterbe ich dich. Verlasse diesen Ort, und kehre niemals wieder!«

»Komm Gertrude«, sagte Ronald zärtlich, laß uns zusammen fliehen!«

Gertrude stand vor ihnen. Die Rose war ihr aus dem Haar gefallen. Das Stück Spitze war ihr vom Ohr gefallen, und die Sackschnur hatte sich von ihrer Hüfte gelöst. Ihre Zeitungen waren bis zur Unkenntlichkeit zerknüllt. Aber in all ihrer Zerzaustheit und Unleserlichkeit behielt sie sich in der Gewalt.

»Niemals«, sagte sie standhaft. »Ronald, dieses Opfer sollst du mir niemals bringen.« Und dann zum Grafen in eisigem Ton: »Es gibt einen Stolz, Sir, der nicht geringer ist als der Eure. Die Tochter von Metschnikow McFiggin braucht niemanden um eine Wohltat zu bitten.«

Mit diesen Worten holte sie eine Fotografie ihres Vaters aus ihrem Ausschnitt und preßte sie an die Lippen.

Der Graf war wie vom Blitz gerührt. »Dieser Name!« schrie er, »Dieses Gesicht! Diese Fotografie! Halt!«

Es ist nicht nötig dies fortzusetzen; meine Leser werden es schon längst herausgefunden haben. Gertrude war die Erbin.

Die Liebenden fielen sich in die Arme. Das stolze Gesicht des Grafen entspannte sich. »Gott segne Euch«, sagte er. Gräfin und Gäste ergossen sich über den

Rasen. Der anbrechende Morgen erleuchtete die Szenerie fröhlicher Gratulationen.

Gertrude und Ronald heirateten. Ihr Glück war vollkommen. Muß man mehr sagen? Ja, nur dies noch. Einige Tage darauf wurde der Graf bei der Jagd getötet. Die Gräfin wurde vom Blitz getroffen. Die Kinder fielen in einen Brunnen. So war das Glück von Gertrude und Ronald vollkommen.

Der Naivling als Held
oder: Der Lebenskampf des Hezekiah Hayloft

»Haben Sie einen Job für mich?«

Der Maurerpolier sah vom Gerüst auf den Fragenden hinunter. Irgendetwas in dem nach oben gewandten Gesicht des Burschen sprach ihn an. Er warf einen Mauerstein nach ihm.

Es war Hezekiah Hayloft. Er steckte ganz in selbstgemachten Plünnen. In jeder Hand trug er eine Reisetasche. Er war in die grausame Stadt New York gekommen, um Arbeit zu suchen.

Hezekiah ging weiter. Gleich darauf blieb er vor einem Polizisten stehen.

»Sir«, sagte er, »könnten Sie mir sagen, wo...«

Der Polizist gab ihm wild eins über eine Schädelhälfte.

»Ich werd dir blöde Fragen lernen«, sagte er.

Wieder ging Hezekiah weiter.

Kurz darauf traf er einen Mann, den langer schwarzer Hut, schwarze Weste und weißer Schlips als Geistlichen auswiesen.

»Guter Herr«, sagte Hezekiah, »können Sie mir sagen...«

Mit Hyänengeheul stürzte sich der Geistliche auf ihn und biß ihm ein Stück vom Ohr ab. Ja, stell dir das vor, lieber Leser! Ein Geistlicher beißt einen Burschen bei hellem Tageslicht! Und doch passiert das in New York in jeder Minute.

So ist die große grausame Stadt New York. Stell dir vor, du müßtest dort Arbeit suchen. Du und ich, die wir unsere Zeit damit verbringen, uns vor der Arbeit zu drücken, können uns das kaum vorstellen. Stell dir das Gefühl vor, allein in New York zu sein, ohne Freunde oder Verwandte, die einen kennen oder sich um einen kümmern! Ein herrliches Gefühl!

Eine kurze Zeit stand Hezekiah unentschlossen da. Er sah zur anderen Seite hinüber, auf die Wolkenkratzer am Madison Square. Aber in keinem von ihnen entdeckte sein Auge Arbeit. Er stellte sich auf den Kopf und sah an dem Stahlbeton hinauf. Immer noch keine Arbeit zu sehen.

Diesen Tag und den ganzen nächsten Tag hielt er so nach Arbeit Ausschau.

Eine Firma in der Wall Street hatte nach einem Stenographen annonciert.

»Können Sie Steno?« fragte man ihn.

»Nein«, sagte der Bursche in Loden, »aber ich kann es versuchen.«

Sie stürzten ihn den Fahrstuhlschacht hinunter.

Hezekiah ließ sich nicht entmutigen. An diesem Tag bewarb er sich um vierzehn Stellen.

Das Waldorf Astoria suchte einen Küchenchef. Hezekiah bewarb sich.

»Können Sie kochen?» wurde er gefragt.

»Nein«, sagte Hezekiah, »aber, ach, Sir genehmigen sie mir einen Versuch! Geben Sie mir ein Ei! Und ich will es ganz doll versuchen.« Große Tränen rollten seine Wangen hinunter.

Man rollte ihn hinaus auf den Korridor.

Danach bewarb er sich als Telegrafist. Nur wegen Unkenntnis der Telegrafie lehnte man ihn ab.

Bei Einbruch der Dunkelheit wurde Hezekiah Hayloft hungrig. Er ging wieder in den Eingang das Waldorf Astoria hinein. In diesem stand ein großer Mann in Uniform.

»Boß«, sagte der heldenhafte Junge, »würden Sie mir vertrauen, um den Preis einer redlichen Mahlzeit?«

Man hetzte den Hund auf ihn.

So liebe Leser, ist die Härte und Bitterkeit der Großstadt.

Zwei Wochen lang suchte Hezekiah Hayloft Arbeit. Ein oder zwei mal bekam er eine vorübergehende Beschäftigung, nur um sie wieder zu verlieren.

Einige Tage lang machte man ihn zum Buchhalter in einem Trust. Er wurde entlassen, weil er nicht lügen wollte. Ungefähr eine Woche lang saß er auf dem Posten eines Bankkassierers. Sie entließen den Burschen, weil er keinen Scheck fälschen wollte. Drei Tage lang war er Straßenbahnschaffner auf dem Broadway. Er wurde entlassen, weil er sich weigerte, einen Nickel zu stehlen.

So schrecklich verkommen ist das Geschäftsleben in New York, lieber Leser.

Unterdessen verging die Zeit, und Hayloft fand keine Arbeit. Sein Geld war alle. Schon deshalb, weil er gar keines gehabt hatte. Er aß Gras im Central Park und trank aus der Pferdetränke des Tierschutzvereins.

Allmählich veränderte sich der Bursche. Sein Gesicht wurde hart. Die große Stadt begann ihn zu zeichnen.

Eines Nachts stand Hezekiah auf dem Bürgersteig. Es war spät, lang nach 10 Uhr. Und nur gelegentlich kamen Fußgänger vorbei.

»Beim Himmel«, sagte Hezekiah und schüttelte seine Faust im Lichte der grausamen Stadt. »Alle ehrlichen Methoden waren umsonst. Jetzt kommen die anderen Mittel. Ich werde betteln. Bis jetzt war noch kein Hayloft ein Bettler«, fügte er mit einem bitteren Lachen hinzu, »ich werde der erste sein.«

Ein gut angezogener Mann kam vorbei.

Hezekiah packte ihn an der Kehle.

»Was wollen Sie?« schrie der Mann in jähem Schrekken. »Bitten Sie mich nicht um Arbeit! Ich habe keine zu vergeben.«

»Ich will keine Arbeit«, sagte Hezekiah grimmig. »Ich bin ein Bettler.«

»Oh, wenn das alles ist«, sagte der Mann erleichtert. »Hier, nehmen Sie diese zehn Dollar und kaufen Sie sich einen Drink!«

Geld! Geld! Und mit ihm überflutete ein neues Machtgefühl Hezehiahs Gehirn wie eine Droge.

»Trinken«, murmelte er heiser, »ja, trinken.«

Das Licht einer Sodawasserfontaine fiel ihm ins Auge.

»Ein Brausepulver«, sagte er und knallte sein Geld auf die Theke. Er trank eine Brause nach der anderen, bis sich alles um ihn drehte. Besoffen von der Brause, torkelte er im Laden herum, wog sich unbekümmert drei bis viermal hintereinander auf der Münzwaage, holte sich Kaugummi und Streichhölzer aus dem Automaten und torkelte schließlich auf die Straße hinaus, taumelnd von dreizehn Brausen und einer Limonade.

»Verbrechen«, zischte er. »Ich will ein Verbrechen verbrechen!«

Er bemerkte, daß die Entgegenkommenden ihm nun respektvoll auswichen. An einer Straßenecke stand ein Polizist.

Hezekiah nahm einen Pflasterstein auf, warf ihn und traf den Mann voll aufs Ohr.

Der Polizist lächelte ihn verschmitzt an und drohte lächelnd mit dem Zeigefinger. Es war derselbe Polizist, der ihn vor vierzehn Tagen geschlagen hatte, weil er nach dem Weg gefragt hatte.

Hezekiah ging weiter, immer noch von der Idee des Verbrechens erfüllt. Am Ende der Straße war ein Neuheitenladen. Die Schaufenster waren mit Neujahrsgeschenken dekoriert.

»Verkaufen Sie mir einen Revolver!« sagte er.

»Yes, Sir«, sagte der Verkäufer. »Wünschen Sie einen passend zu Abendkleidung oder einen einfachen Hausrevolver? Hier ist ein sehr guter Familienrevolver oder möchten Sie eine Dachgartengröße?«

Hezekiah wählte einen Revolver aus und ging.

»Nun denn«, murmelte er, »ich werde einbrechen und Geld haben.«

Er ging die 5. Avenue hinunter, wählte sich eines der besten Häuser aus und klingelte. Ein Mann in einer Livre erschien in der hell erleuchteten Vorhalle.

»Wo ist dein Herr?« fragte Hezekiah und zeigte seinen Revolver.

»Er ist oben, Sir, und zählt sein Geld«, antwortete der Mann, »aber er wünscht, nicht gestört zu werden.«

»Bring mich zu ihm«, sagte Hezekiah, »ich möchte ihn erschießen und ihm das Geld wegnehmen.«

»Sehr wohl, Sir«, sagte der Mann ehrerbietig. »Sie finden ihn im ersten Stock.«

Hezekiah drehte sich um, schoß den Diener zwei Mal durch die Livre und ging nach oben.

In einem der oberen Räume saß ein Mann an einem Schreibtisch unter einer Leselampe. Vor Ihm war ein Haufen Gold. Es war ein alter Mann mit einem einfältigen gutmütigen Gesicht.

»Was tun Sie da?« sagte Hezekiah.

»Ich zähle mein Geld«, sagte der Mann.

»Was sind Sie«, sagte Hezekiah hart.

»Ich bin ein Philanthrop«, sagte der Mann. »Ich spende mein Geld für edle Zwecke. Ich stifte Orden für Helden. Ich stifte Preise für Kapitäne, die in die See springen, und für Feuerwehrleute, die Leute, auf deren eigenes Risiko, aus den Fenstern der oberen Stockwerke werfen; ich schicke amerikanische Missionare nach China, chinesische Missionare nach Indien, und indische Missionare nach Chicago. Ich stelle Geld zur Verfügung um Collegeprofessoren vor dem verdienten Hungertod zu retten.«

»Stop!« sagte Hezekiah, »Sie haben den Tod verdient. Aufstehen! Mund auf! Augen zu!«

Der alte Mann erhob sich.

Es gab einen lauten Knall. Der Philanthrop fiel um. Der Schuß war durch die Weste gegangen und beide Hosenträger waren zerfetzt.

Hezekiah, mit Augen, die vor der Sucht nach Verbrechen leuchteten, stopfte sich die Taschen voll Goldstücke.

Unten von der Straße klang Lärm und Tumult herauf.

»Die Polizei!« murmelte Hezekiah. »Ich muß das Haus anzünden und im Durcheinander fliehen.«

Er entzündete ein Sicherheitsstreichholz und hielt es an das Tischbein.

Der Tisch war feuerfest und wollte nicht brennen. Er hielt es an die Tür. Die Tür war feuerfest. Er hielt es an den Bücherschrank. Er strich mit dem Feuerzeug an den Büchern vorbei. Sie waren alle feuerfest. Alles war feuerfest.

In irrer Wut riß er sich seinen Zelluloidkragen ab und entzündete ihn. Er schwenkte ihn über seinen Kopf. Große Feuerzungen züngelten zum Fenster hinaus.

»Feuer! Feuer!« schrie man.

Hezekiah stürzte zur Tür und warf den rußenden Kragen in den Fahrstuhlschacht. Im selben Moment ging der eiserne Fahrstuhl mitsamt den Stahlseilen in Flammen auf; dann fingen die bronzenen Türbeschläge Feuer, und in Sekundenbruchteilen war der Zementfußboden des Fahrstuhls ein brüllendes Flammenmeer. Große Rauchsäulen kamen aus dem Gebäude.

»Feuer! Feuer!« schrie die Menge.

Lieber Leser, hast du je ein Feuer in einer Großstadt gesehen? Es ist ein wunderbarer Anblick. Nun zeigt die

Stadt, wie schrecklich und hektisch sie auch immer sei, ihre perfekteste Durchorganisiertheit.

Kaum war das Feuer ausgebrochen, als auch schon energische Anstrengungen unternommen wurden es einzudämmen. Durch eine lange Menschenkette flogen Wassereimer von Hand zu Hand.

Das Wasser wurde gegen die Nachbarhäuser geschleudert und in Strömen über die erregte Menge ausgegossen. Jedes Fleckchen in der Umgebung des Feuers war klatschnaß. Die Männer bewegte nur ein Wille. Ein schnell errichtetes Ladegeschirr in der Mitte der Straße erhob sich zu sechzehn oder siebzehn Fuß Höhe. Ein kühner Mann erklomm dessen Spitze und zog mit einem Flaschenzug Eimer auf Eimer zu sich empor. Mit dem kühlen Wagemut des trainierten Feuerwehrmannes balancierend, kippte er das Wasser in alle Richtungen über der Menge aus.

Das Feuer wütete eine Stunde. Von Flammen umgeben an einem Fenster stehend, lud Hezekiah schnell seinen Revolver und schoß in die Menge.

Von der Straße her antworteten hundert andere Revolver.

Dies dauerte eine Stunde. Die Kugeln, die zum Glück niemanden trafen, regneten auf die Menschen hernieder.

Zu gleicher Zeit, als die Flammen keine Nahrung mehr fanden, stürzte eine Polizeischwadron in das vom Schicksal verurteilte Haus.

Hezekiah warf seinen Revolver weg und erwartete sie mit verschränkten Armen.

»Hayloft«, sagte der Chefinspektor, »ich verhafte Sie wegen Mord, Einbruch, Brandstiftung und Konspiration. Das war ein fabelhafter Kampf, alter Junge. Es tut mir leid, daß es unsere schmerzliche Pflicht ist, Sie zu verhaften.«

Auf der Straße empfing ihn die Menge mit Hurrarufen. Wahrer Mut imponiert der Volksseele immer.

Hayloft wurde in ein Auto verfrachtet, und man raste zur Polizeiwache.

Auf dem Wege dorthin gab ihm der Chefinspektor eine Taschenflasche und eine Zigarre.

Sie plauderten über die Ereignisse des Abends.

Hayloft begriff, daß für ihn ein neues Leben angebrochen war. Er war nun kein Verachteter und Ausgestoßener mehr. Er war nun ein Mitglied der amerikanischen Verbrecherklasse.

Auf der Polizeiwache brachte ihn der Chefinspektor in sein Zimmer.

»Ich hoffe, das Zimmer wird Ihnen gefallen«, sagte er etwas besorgt. »Es ist das beste, welches ich Ihnen heute Nacht geben kann. Morgen kann ich Ihnen ein Zimmer mit Bad geben, aber für kurze Zeit wird es Ihnen wohl nichts ausmachen, mit diesem vorliebzunehmen.«

Er sagte Gute Nacht und schloß die Tür, nur um sogleich wieder hereinzukommen.

»Übrigens, wegen dem Frühstück...«, sagte er. »Möchten Sie es lieber auf Ihrem Zimmer oder möchten Sie unser Gast sein. Die Truppe würde sie sehr gern kennenlernen.«

Bevor Hezekiah am anderen Morgen erwachte, brachte ihm der Chefinspektor neue Kleidung: Einen seidenen Hut, Frack, Hosen aus Schäferumhangstoff und Lackschuhe mit Gamaschen.

»Ich hoffe, es macht Ihnen nichts aus, diese Dinge anzunehmen, Mr. Hayloft. Unsere Mannschaft würde es Ihnen gern ermöglichen, in passender Kleidung vor Gericht zu erscheinen.«

Sorgfältig gekleidet und rasiert ging Hezekiah hinunter. Er wurde den leitenden Offizieren vorgestellt und plauderte bei einer Zigarre vergnügt über die gestrigen Ereignisse.

Im Laufe des Vormittags wollten einige Personen Hezekiah sehen und ihm gratulieren.

»Ich möchte Ihnen nur versichern«, sagte der Herausgeber einer großen amerikanischen Tageszeitung, »daß die Arbeit ihrer letzten Nacht in den gesamten Staaten bekannt werden und kommentiert werden wird. Was für eine Leistung, den Diener zu erschießen! Das wird eine große Hilfe bei der Verteidigung der ungeschriebenen Gesetze sein.«

»Mr. Hayloft«, sagte ein anderer Besucher, »ich bedaure es, Sie nicht früher kennengelernt zu haben. Unsere Freunde hier erzählten mir, daß Sie schon seit einigen Monaten in New York sind. Ich bedaure es, Sir daß wir sie nicht kannten. Das ist der Name meiner Firma, Mr. Hayloft. Wir sind hier führende Anwälte, und wir wünschen uns die Ehre, Sie verteidigen zu dürfen. Wir dürfen! Danke, Sir. Und nun, da es noch eine Stunde Zeit ist bis zur Verhandlung, möchte ich Sie in meinem Auto abholen und zu mir bringen. Meine Frau möchte Sie unbedingt zum Essen einladen.«

Das Gericht trat an diesem Nachmittag zusammen. Beim Eintreten Hezekiahs erscholl ein Hurra.

»Mr. Hayloft«, sagte der Richter, »ich vertage die Verhandlung für einige Tage. Wie ich höre, sind Ihre Nerven nach allem, was Sie durchgemacht haben, überbeansprucht worden. Ihre Freunde sagten mir, daß Sie erst für Ihren Fall Interesse aufbringen können, wenn Sie sich gründlich erholt haben.«

Als Hayloft den Gerichtssaal verließ, erhob sich ein Hoch aus der Menge, in welches der Richter einstimmte.

In den nächsten Tagen war Hezekiah sehr beschäftigt, und zwar mit Empfängen, Bürgerkomitees und der Vorbereitung seiner Darlegungen für den Verteidiger, in welcher Hezekiahs angeborene Intelligenz die Bewunderung der Rechtsanwälte erregte.

Reporter baten um Interviews. Lobbyisten riefen Hezekiah an. Er wurde Direktor verschiedener führender Konzerne. Und es hielt sich das Gerücht, daß er im Falle seines Freispruches alle großen Einbruchsförderungsvereine der Vereinigten Staaten zu einem Dachverband zusammenfassen wollte.

Der Prozeß wurde eine Woche später eröffnet und dauerte zwei Monate. Hezekiah wurde wegen fünf Verbrechen angeklagt: Brandstiftung, weil er das Stahlgerüst des Fahrstuhles angesteckt hatte; Rowdytum, wegen Erschießen des Dieners; Diebstahl von Geld, in Tateinheit mit Bagatelldiebstahl; Töten eines Philanthropen, in Tateinheit mit Kindesmord; und Schießen auf die Polizei, einem schweren Kapitalverbrechen, weil er nicht getroffen hatte.

Der Prozeß war sehr verwickelt. Expertengutachten aus den gesamten Vereinigten Staaten wurden eingezogen.

Das Gehirn des Philanthropen wurde im Labor untersucht. Man fand nichts.

Drei Mal wurde die gesamte Jury wegen Vorurteilen, zwei Mal wegen Unkenntnis entlassen und schließlich wegen Schwachsinn aufgelöst.

Die Verhandlungen zogen sich hin.

Unterdessen steigerten sich Hezekiahs geschäftliche Interessen.

Auf Dauer, so vermutete Hezekiah, war es nötig, den Fall niederzuschlagen.

»Gentleman,« sagte er in seiner Abschiedsrede vor Gericht. »Ich fühle, daß ich Ihnen eine Entschuldigung schuldig bin, dafür, daß es mir nicht länger möglich ist, dem Prozeß beizuwohnen. Doch wenn ich mich mal neben meinen Geschäften ein oder zwei Stündchen freimachen kann, können Sie immer mit meiner Anwesenheit rechnen. Inzwischen seien Sie versichert, daß ich Ihrem Prozeß mit großem Interesse folgen werde.«

Er verließ den Raum, während man drei Hochrufe ausbrachte und »Auld Lang Syne« sang.

Danach wurde der Prozeß hoffnungslos durch die Instanzen geschleppt.

Die Anklage der Brandstiftung wurde niedergeschlagen. Der Diebstahl war verjährt. Für das Erschießen des Dieners wurde er für nicht zurechnungsfähig erklärt.

Die Mordanklage wegen Erschießens des Philanthropen wurde mit Rücksicht auf die Volksmeinung zurückgezogen. Irrtümliche Sachbeschädigung wurde ihm gegen den Verlust von Patronen und Revolver aufgerechnet. Die Hauptanklage wurde an das Bundesgericht und von da an das Oberste Gericht weitergeleitet. Und da schmort sie heute noch.

Inzwischen ist Hezekiah der geschäftsführende Direktor der »Gesellschaft für die Sicherheit der Einbrecher«. Er gehört der aufstrebenden Generation der New Yorker Bankiers an und hat jede Aussicht, in den Senat gewählt zu werden.

Sorgen einer Superseele
oder: Die Memoiren der Marie Miechailowitsch

(Mechanichezkaja Maschinka-Übersetzung russkowo originalnowo Manuskripta.)

Anschauen Sie jemals Ihr Gesicht im Spiegel?

Ich mache.

Manchmal ich anschauen stundenlang Gesicht, meines und wundere mich. Manchmal ich stelle mich auf Kopf und starre intensivnowo in diesiges. Versuche herausfinden, was bedeutet. Mir scheint es sich, als ob es ansehen auf mich mit großen braunen Augen, seinen, so als ob kennen mich und will sich sprechen mit mir.

Warum wurde geboren?

Ich nicht weiß.

Frage dieses mein Gesicht tausend Male in Tag und finde nie nicht keine Antwort.

Manchmal, wenn jemand geht durch meine Zimmer, Dienstmädchen, meines, Nitnitzka, oder Diener Jakub, wenn sie sehen mich sprechen mit Gesicht, meines, sie denken, ich verrückt.

Aber nicht bin.

Manchmal werfe mich auf Sofa und vergrabe meine Kopf in Kissen. Aber sogar dann nicht möglich mir herausbekommen, warum geboren.

Ich siebzehn.

Werde ich je sein gewesen siebenundsiebzig? Ah!

Werde ich gar sein gewesen siebenundsechzig? Oder sogar Siebenunsiebzig? Oh!

Und wenn werde beides, werde auch sein siebenundachtzig?

Nicht möglich ist sagen.

Oft schrecke nachts hoch mit wilden Augen und frage mich, ob werde sein siebenundachtzig.

Nächster Tag

Während meines Spazierganges, heutiger, ging vorbei an Blume. Sie wuchs auf Wiese an Fluß.

Sie träumte auf ihrem langen Stiel.

Ich wußte ihren Namen. War Tschupwskja. Lieblicher, wunderbarer Name!

Beugte mich zu ihr und sprach zu ihr. Fragte sie ob Herz, meines, je würde kennenlernen Liebe. Sie sagte, sie nimmt an dieses.

Auf Weg nach Hause ich vorbeikam an Zwiebel.

Sie lag auf Weg. Jemand war auf ihren Stengel getreten und zerdrückte ihn.

Wie muß sie gelitten haben! Ich legte sie an Busen, meinen. Ganze Nacht lag sie neben meine Kissen.

Andere Tag

Herz, meines, verlangt es sich nach Liebe. Wie kommt es sich, daß ich nicht kann lieben niemand?

Habe versucht, und doch nicht kann. Ist mein Vater, Iwan Iwanowitsch. Er groß und freundlich ist, und doch nicht kann lieben ihn. Ist meine Mutter, Katusche Katuschewitsch. Genau so groß ist, und doch nicht kann lieben sie. Und ist mein Bruder, Dimitri Dimitriwitsch. Nicht kann lieben ihn.

Und Alexis Alexowitsch!

Nicht kann lieben ihn. Und doch sollen heiraten ihn. Tag von Hochzeit festgesetzt ist. Ist heute ein Monat voraus. Sind 30 Tage. Warum nicht kann lieben Alexis? Er groß und stark ist. Er Soldat in Wache Leibes Zares Nikolauses Romanowes. Und doch ich nicht kann lieben ihm.

Nächste Tag und noch eine

Oh, wie sie mich einengen hier! Iwan Iwanowitsch, Vater meiniger, und Mutter, meine (ihren Namen im Moment fällt nicht ein mir) und alle andere.

Atmen nicht möglich ist mir.

Sie nicht lassen machen mich, was will.

Immer wenn mich wünscht selbiger Mord, sie mich daran verhindern.

Letzte Nacht ich habe versucht wieder.

Stellte mir Flächschen schwefliges Säure auf Nachttisch.

Am Morgen war noch da.

Hatte nicht getötet mich.

Haben verboten mir, ertränken mich. Warum?

Ich nicht weiß. Vergeblich ich frage Luft und Bäume,

warum ich nicht soll ertränken mich. Sie nicht sehen keine Grund nicht, warum.

Und ich will sein frei, frei wie junge Vögel, wie allerjüngste.

Beobachte Blätter, die wehen in Wind, und möchte sein Blatt.

Sogar hier sie wollen zwingen mich essen!

Gestern aß Banane. Uch!

Nächste Tag

Heute bei Spaziergang ich fand Kohlkopf.

Lag in Ecke der Hecke. Böse Buben erschlugen dort ihn mit Steinen.

Er tot, als ich aufhob ihn.

Neben ihm lag Ei.

Tot auch. Ach, wie weinte!

Heute morgen

Wie meine Cherz schlägt. Heute MANN vorbeiging an mir. Er vorbeiging, sehr wahrheitslich, tatsächlich vorbeiging.

Ich ihn sah vorbeigehen von Fenster, mein, hinaus auf Wiese neben Fluß, wo wächst Blume namens Tschupwskja.

Wie schön er aussah! Nicht groß wie Alexis Alexowitsch, ah, aber kurz und weit und geformt wie Kugel, wie sehr wunderschöne Kohlkopf, der letzte Woche starb.

Er trug Samtjacke und feldige Stuhl in Hand und Staffelei auf Rücken, und war gebogene Pfeife mit langem Stiel in seinem Gesicht. Und seine Gesicht nicht war roh und rot, wie Gesicht von Alexis, sondern mild und schön, und befand sich drauf Lächeln, wo glitzerte wie Licht von Mond auf Kitt von Fenster.

Liebe ich ihm? Ich nicht kann sagen. Noch nicht. Liebe zarte Pflanze ist. Nicht möglich ist Wachstum, ihres, erzwingen.

Als er vorbeiging ich hinauslehnte aus Fenster und nachwarf ihm rosige Knospe.

Aber er nicht sah sie.

Dann ich nachwarf ihm seifiges Stück und zahnige Bürste. Aber ich verfehlte ihm, und er weiterging.

Andere Tag

Liebe zu mich gekommen ist. Ausfüllt mein Leben. Wiedersah IHM. Sprach mit IHM. Er saß an Fluß auf feldige Stuhl. Wie sehr schön aussah er als saß auf feldige Stuhl! Wie stark er scheinte und wie zerbrechbar kleine Stuhl, er draufsaß.

Vor ihm war Staffelei, und er malte. Ich ansprach ihm.

Kennen jetzt Namen, seinen. Sein Name – wie mein Cherz schlägt, ich bin niederschreibend diesen – nein nicht möglich ist schreiben, werde flüstern ihm – ist: Otto Dinkelspiel.

Ist nicht sehr wunderschöne Name? Uch!

Er vollmalte leinige Wand – sehr wunderbare Farben, rot und gold und weiß. Prächtige, leuchtende Strähnen in sehr alle Richtungen.

Zuschaute verwundert.

Ansprach ihm instinktivlich. »Nu, was malen?«, sagte. »Ist Jesuskind?«

»Nein«, er sagte, »ist Q.«

Ich hinsah noch eine Mal, und möglich war sehen, daß eine Kuh.

Ich hineinsah gerade in seine Augen.

»Nu, wird sein Geheimnis, unsriges«, sagte ich, »überhaupt niemand andere Mensch soll nicht wissen.«

Und ich wußte, daß ich liebte ihm.

Eine Woche vorwärts

Jeden Morgen ich hingeh zu Otto neben Fluß auf Wiese.

Er und sitzt und malt. Und ich dasitze mit Hände gefaltet über Kniee und anspreche ihm. Ich immerzureden alles ihm, was denke, was lese, was weiß, was fühle, was fühle nicht.

Er zuhört mit Blick, wo ist ganz weit weg, und den ich so lernte lieben. Und dieses bedeutet, daß nachdenkt tief.

Manchmal schien, er nicht zuhörte.

Kontakt Geiste, unsrige, sehr wunderschön.

Wir stimulieren uns mit unseren Gedanken gegenseitig.

Otto mein Meister ist. Ich seine Schülerin bin.

Gestern fragte ich ihn, ob bei Chegel, Schlegel oder Flegel ist weltliche Anschauung meist wahrhaftigste.

Er sagte: »Nicht wissen.« Oh, mein Otto!

Heute

Otto berührte mich. Er berührte mich!

Wie Erinnerung an dieses durchschauert mich!

Ich stand neben ihm an flussiges Ufer, und bei Laufen berührte Schirmkrücke, meine, unterste westige Knopf, seine.

Brannte wie Feuer.

Morgen ich werde vorstellen Otto meinem Vater. Aber heute nacht ich nur kann drandenken, daß Otto berührte mich.

Nächster Tag

Otto ganz nah herantrat an meinen Vater. Wegen zehn Rubel er viel zu nahe herantrat. Nicht kann sagen, was bedeutet. Hinbrachte Otto nach Hause zu uns. Er sprach mit Vater meinem, Iwan Iwanowitsch. Sie zusammensaßen abends. Und nun Vater, meiner, wütend ist. Sagt, Otto will ihm anrühren.

Warum ist wütend?

Aber Otto hat hausiges Verbot, und nur möglich ist für mich sehen ihn auf Wiese.

Zwei Tage vorwärts

Heute Otto bat mich um ein Andenken.

Ich anbot ihm eine aus meine hutige Nadeln. Aber er sagte nein. Statt dieses er nahm sich Diamant von Gürtel meines.

Ich erriet Gedanken seinen.

Bedeute, daß ich bedeute ihm so viel, wie Diamant bedeutet für sehr gewöhnlichste Menschen.

Heute morgen

Gestern Otto mich bat für andere Andenken. Nahm Goldrubel aus meine Börse und sagte ihm, daß er soll brechen ihm in zwei Hälften, und daß wir wollen behalten beide eine Hälfte.

Aber Otto sagen nein. Vergöttere Überlegung, seinige. Es würde unsere Leben zerbrechen, wenn man würde zerbrechen Münze.

Er wird aufbewahren für uns beide, und soll sie bleiben nicht zerbrochen wie Liebe, unsere.

Süßer Gedanke nicht ist?

Otto denkt an alles.

Heute er fragte mir, ob ich habe Goldrubel noch eine dazu.

Nächste Tag

Heute brachte Otton Goldrubel noch eine.

Als er anschaute ihm, seine Augen leuchteten vor Liebe.

Gab mir für goldige Rubel bronzige Kopeke. Liebe unsere soll sein so rein wie Gold und so dauerhaft wie Bronze. Nicht herrlich ist?

Später

Ich fürchte so sehr, daß möglich sein zurückkommen Alexis Alexowitsch.

Ich fürchte, daß Otto möglich sein ihm töten, wenn kommt. Otto so ruhig ist. Ich nicht will denken an dieses, was wird sein, wenn wegverliert Beherrschung.

Nächste Tag

Habe erzählt Otto von Alexis. Habe erzählt, daß Alexis Soldat, daß in Wache Leibes Zares und ich soll heiraten ihm. Zuerst Otto zuhören nicht wollte. Er befürchte Zorn möglich übermannen ihn. Er begann zusamenklappen feldiges Stuhl, seiniges.

Danach ich sagte ihm, daß Alexis nicht kommen sofort. Und er beruhigte sich.

Ich bat ihn, nicht töten Alexis wegen mir. Er versprach mich.

Andere Tag

Mein Vater, Iwan Iwanowitsch, Nachricht bekam Alexises. Er will sich zurückkommen in zwei Wochen vorwärts. Am Tag nach Rückkehr, seinige, ich soll heiraten ihm.

Und inzwischen bei mir sind noch vierzehn Tage möglich zu lieben Otto.

Meine Liebe vollkommen ist. So vollkommen ist, daß am allermeisten liebe Sterben. In letzte Nacht ich wieder versucht machen selbige Mord. Nu, warum leben weiter? Jetzt kennenlernte meist vollkommene Liebe. Stellte Schachtel mit gewehrige Munition neben Bett, meines. Aufwachte überhaupt nicht totgeschießt. Aber nun weiß, was bedeutet sich. Bedeutet und ich und Otto gezwungen sterben zusammen. Muß erzählen für Otto.

Später

Heute erzählte Otto, daß wir gezwungen umbringen uns, daß Liebe unsere so vollkommen ist, daß bei uns zu Leben überhaupt nicht keine Recht nicht ist.

Zuerst machte komischer Gesicht.

Schlug vor, ich mich töten zuerst, und ihm dann will sich verhungern neben Grab, meine.

Aber dieses Opfer nicht annehmen kann.

Angebot ihm, helfen ihm, sich aufhängen neben flussiges Ufer.

Ihm will sich überlegen dieses. Wenn er nicht erhängt sich, er erschießt sich. Ich lieh ihm Revolver meines Vaters. Oh wie dankbar er aussah, als annahm ihm!

Nächste Tag

Warum nur Otto meidet mich? Mir scheint es sich so. Sind bei ihm geheime Sorgen, daß mir nicht möglich teilen Los, seiniges? Heute er umzog mit seine feldige Stuhl nach andere Ende Wieses. Befand sich in hohes Gras hinter holundriges Busch. Zuerst ich nicht erblickte ihm. Dachte, er hat erhängt sich. Aber er sagte, daß er nicht erhängte sich. Leider total vergaß mitnehmen Strick. Sagte versuchte totschießen sich. Nu, chat geschossen daneben.

5 Tage vorwärts

Otto und ich nicht werden sterben. Werden leben und lieben uns selbst ewig. Wir weggehen zusammen hinaus in Welt. Uch, wie glücklich bin!

Otto und ich werden fliehen zusammen.

Wenn Alexis wird kommen, wir werden sein fort, weit, weit.

Ich habe gesagt Otton, mir will es sich fliehen mit ihm, und er hat gesagt : »Nu, characho.«

Sagte, daß wir wollen hinausziehen in Welt zusammen ohne Gepäck, und wir wollen behaupten uns in diese. Ich sagte ihm, daß er soll sein fahrender Ritter, meiner und Paladin, meiner.

Otto sagte, ihm will es sich.

Er einwilligte. Aber sagte, wir nicht müssen fortziehen mit leeren Händen.

Nicht weiß, warum denkt so. Aber er so klug ist, und ich willfahre Gottem, meinigem. Trifft alle Vorbereitungen, unsrige.

Jeden Morgen bringe kleine Bündel mit meinen Sachen zur Wiese und übergebe dieses meinem fahrenden Ritter. Und er hinbringt dieses zu Gasthaus, wo logiert sich.

Letzte Woche hinbrachte mein schmuckiges Kästchen und gestern abhob Geld, meines, von Bank wegen Bitte, seine und hinbrachte Geld zu meinem Paladin. Bei ihm wird sein sicher.

Heute er sagte, daß wenn wir werden sein weit weg, ich werde brauchen Andenken an Vater, meinen und Mutter, meine. Soll wegnehmen goldene Uhr Vater, wenn schläft. Mein Held! Wie ist bedacht auf Glück meiniges!

Nächster Tag

Alles bereit. Morgen ich soll treffen Otto an Wiese mit Uhr und alle restliche Sachen.

Morgen werden fliehen zusammen. Ich soll hinuntergehen zu kleine Tor am Ende Gartens. Und dort wird sein Otto.

Heute umherging in Haus und Garten und sagte auf Wiedersehen, sagte auf Wiedersehen zu Blume Tschupwskja und zu Vögeln und zu Bienen.

Morgen alles wird sein vorbeigegangen.

Nächster Abend

Wie möglich ist beschreiben, was geschah? Seele meine erschüttert ist ganz sehr tief.

Was ich befürchtete am meisten, geschah sich. Wie mir möglich ist leben weiter?

Alexis zurückkam. Er und Otto kämpften.

Oh Gott. War am meisten schrecklich!

Ich stand mit Otto auf Wiese. Ich ihm gebracht und gegeben Uhr, und dazu alle meine Liebe und alle meine Leben.

Dann, als wir so dastanden, ich sah zuschreiten auf uns durch Gras Alexis Alexowitsch.

Wie groß und soldatisch er aussah! Und Gedanke aufblitzt in mir, daß er würde daliegen wie tot, wenn Otto ihn schlagen tot.

»Lauf Otto«, rief ich, »wenn du bleibst, du wirst töten ihn!«

Otto hinschaute und sah ankommen Alexis.. Er warf unendlich bedeutungsvolle Blick auf mich.

Dann rannte er, zu Liebe meines. Wie edel er aussah, als rannte! Tapferes Herz! Er nicht bleiben wagte und riskieren Ausbruch Zornes.

Aber Alexis einholte ihn.

Danach sie kämpften an flussiges Ufer. Ah! War schrecklich zu sehen wie kämpften sie. Schrecklich nicht ist, wenn gegeneinanderkämpfen Männer?

Ich nur konnte dastehen und ringen Hände und zusehen mit Agony.

Zuerst hochob Alexis Otto mit Gürtel, seiniges, und herumwirbelte ihn in Luft. Möglich war zu sehen Ottos Gesicht während Drehungen. Trug selben Ausdruck von stummen Mut, wie als wollte rennen davon. Alexis schwang Otto herum und immer herummer, bis riß Gürtel, und Otto flog in Gras.

Das war erste Teil Kampfes.

Danach stellte sich Alexis neben Otto und trat Denimgrasliegenden mit Füße von hinten. Und so kämpften lange Weile. Das war zweite Teil Kampfes. Danach kam dritte und letzte Teil. Alexis aufhob Staffelei und schmetterte Otto über Kopf Bild. Legte sich wie Kragen um Hals. Dann hochob ihn Alexis mit Kragen von Bild und hineinwarf ihn in Fluß.

Er davontrieb!

Mein Paladin!

Davonschwamm!

Konnte ansehen seine nachobengewandte Gesicht als davontrieb, hinab Fluß durch Wiesen. Es war voll tiefer Resignation.

Dann kam Alexis zu mir, aufhob mich und davontrug mich über Wiese. Er ist so groß und stark. Und flüsterte, daß liebe mich und beschützen werde mich gegen alle Welt, ab morgen. Trug mich so durch Gras und Blumen mit seinen Armen nach Hause. Und da waren mein Vater, Iwan Iwanowitsch und meine Mutter, Katusche Katuschewitsch. Und ich gezwungen heiraten Alexis morgen. Er herausholte aus Gasthaus, Juwelen, Geld und Diamanten, meine, auch Diamant, den Otto hatte entfernt aus meine Gürtel.

Wie soll ich ertragen? Alexis wird mitnehmen mich nach Petersburg, und hat gekauft schöne Haus an Prospekt, und in dieses ich werde sein gezwungen leben und sein reich. Und ich werde werden vorgestellt Zarin an Hof von Nikolaus Romanow. Ah! Nicht ist fürchterlich?

Immer nur möglich mir denken an Otto, der hinuntertreibt Fluß mit Staffelei um Hals. Von kleine Fluß er wird kommen in Dnjepr, und dann in Bug, und dann wird hinuntertreiben Wolga. Und von Wolga in Kaspische Meer. Und bei Kaspische überhaupt nicht keine Abfluß nicht ist. Und Otto wird dort herumschwimmen immer und immer und immer.

Ah, dies nicht schrecklich ist?

Hannah vom Hochland
oder: Der Laird von Loch Aucherlocherty

»Grüßt Leid und keine Liebe dich,
denn heule und denn plärre nich!
Nie mehr du siehst, magst noch so wei'n
die rote Hos' von Auld Lang Syne.«

Diese einfachen Worte erhoben sich süß und frisch in die Morgenluft.

Es war Hannah vom Hochland. Sie sammelte Hummer im Bach, der durch das Tal rann.

Die Szenerie um sie herum war typisch Hochland. Wilde Hügel erhoben sich zu beiden Seiten des Baches zu einer Höhe von 75 Fuß. Sie waren mit dem dichten Hochlandwald bedeckt, der sich hundert Yards in jede Richtung erstreckte. In einer Höhlung der Hügel mündete der Bach in ein wundervolles schottisches Loch. Dahinter war durch eine Kluft in den Hügeln das Meer zu sehen. Durch das Tal und zur Seite des Baches, an dem Hannah stand, wand sich die Straße, die dann wieder anstieg, um den Klippen am Meeresufer zu folgen.

Der Hochlandtourist findet kein schöneres Fleckchen als das Tal von Aucherlocherty.

Es kann auch kein Fleck den Anspruch erheben, ein historischerer Boden zu sein. Hier im Tal hatte sich Bonnie Prinz Charlie nach der Niederlage von Culloden versteckt. Auf demselben Fleck steht heute noch der große Felsbrocken, hinter dem sich Bruce nach der Niederlage von Bannockburn versteckt hatte, und hinter einer Anzahl kleinerer Steine hatten sich die Covenanter auf dem Höhepunkt der Verfolgung durch sie Stuarts versteckt gehalten.

Auf seinem Schicksalsritt nach Killiecrankie war Montrose durch dieses Tal gekommen. Am unteren Ende des Tales wird auch immer noch der Felsen gezeigt, hinter dem Walliam Wallace eine Pause machte, um seine Hose zu wechseln, als er vor der Rache Rob Roys floh.

Solche grimmigen Erinnerungen charakterisieren diese Fleckchen Erde.

In der Tat, die bedeutendsten Ereignisse der schottischen Geschichte passierten in diesem Tal, und das Loch war Schauplatz der aufregendsten Seeschlachten in der Geschichte Grampian Hills.

Aber wenig in dieser friedlichen Aprilmorgenszene erinnerte an die blutige Geschichte dieses Tales. Zu dieser Zeit waren seine Hänge mit einem dicken Teppich von Stechginster, Holunder, Auberginen und Nelken bedeckt. Die Wälder tönten laut von den Stimmen der Drosseln, Hänflinge, Elstern, Dohlen und anderer Singvögel des Hochlandes.

Es war ein glorreicher wunderbarer schottischer Morgen. Der Regen fiel sacht und leise, brachte Dunst und Feuchtigkeit und ein Gefühl der Nässe in das feuchte Moos unter den Füßen. Graue Nebel flogen hierhin und dorthin und trugen eine kräftige Rauheit in sich, die auch etwas Dunstiges an sich hatte.

Solch eine Erinnerung treibt einem Schotten noch nach Jahren des Exils die Tränen in die Augen. Das schottische Herz, lieber Leser, kann durch den Anblick eines Regentropfens oder das Klatschen eines nassen Lappens zutiefst gerührt werden.

Mittlerweile sang Hannah, das wunderschöne Hochlandmädchen, immer noch. Die frische junge Stimme erhob sich über den Regen. Sogar die Vögel schienen eine Pause zu machen, um ihr zu lauschen. Und wie sie den Worten der einfachen gälischen Volksweise lauschten fielen sie von ihren Zweigen mit einem Bumms ins Gras.

Wie sie so dastand, gab das Hochlandmädchen ein prachtvolles Gemälde ab. Das sich kräuselnde Wasser des Baches umspülte ihre barfüßigen Knöchel. Die Hummer spielten zu ihren Füßen oder klammerten sich erregt an ihre Zehen, als wären sie abgeneigt, das Wasser zu verlassen, um in den Falten ihrer blauen Schürze zu verschwinden.

Es war eine Szene, die das Herz eines Burne-Jones oder eines Alma Tadema oder eines jeden Hummerliebhabers gerührt hätte.

Das goldene Haar des Mädchens, welches mit einem Stück Ofendraht zu einem Zopf zusammengehalten war, floß weit offen ihren Rücken herab.

»Verkaufst du mir einen Hummer?«

Hannah sah auf. Dort stand im Bach, einige Meter über ihr, die Vision eines jungen Mannes.

Das wunderschöne Hochlandmädchen sah ihn fasziniert an.

Er schien ein höheres Wesen zu sein.

Er trug Angel und Kescher in der Hand. Er war mit dem Lachsangleranzug eines englischen Gentleman bekleidet. Lachsanglerstiefel reichten ihm bis zu den Oberschenkeln. Darüber trug er eine Anglerjacke, die lose von einem Anglergürtel zusammengehalten wurde. Auf dem Kopf trug er eine kleine Anglermütze.

Im Kescher war kein Fisch.

Er kam näher an das Hochlandmädchen heran.

Als Hannah ihn sah, wußte sie, daß es Ian McWhinus war, der neue Laird.

Sie liebte ihn auf den ersten Blick.

»Bitte sähr«, sagte sie, als sie dem jungen Mann ihren besten Hummer überreichte.

Er tat ihn in seinen Kescher.

Dann kramte er in seiner Jackentasche und brachte ein Sixpenny-Stück heraus.

»Bitte nimm das Geld!«, sagte er.

Hannah behielt das Geld einen Moment in der Hand und errötete hochländisch.

»I vakauf 'n Füsch net for Göld«, sagte sie.

Irgendetwas in der Rede des Mädchens rührte das Herz des jungen Mannes. Er gab ihr eine halbe Krone. Leicht pfeifend schritt er am Bach entlang davon. Hannah starrte ihm gebannt nach. Eine Stimme, die ihren Namen rief, riß sie aus ihrer Träumerei.

»Hannah, Hannah«, schrie die Stimme, »piste pleed, da eunen McWhinus so anzeklotzen?«

Da begriff Hannah, was sie getan hatte.

Sie hatte mit einem McWhinus gesprochen, etwas, was kein McShamus seit hundertfünfzig Jahren getan hatte. Seit fast zwei Jahrhunderten waren die McShamusse und die McWhinusse, beide Bewohner des Tales, durch einen Konflikt geteilt, wie er das ganze Schottische Volk auseinanderreißt.

Es kam von Glaubensfragen her.

Es war vor sechs Generationen bei einem Hochlandbankett, in den Tagen, als das ungezügelte Temperament zu wilden Orgien führte, während deren theologische Diskussionen mit ungezügelter Wildheit rasten. Shamus McShamus, ein fanatischer Kalvinist, vom Schnaps halb verblödet, hatte behauptet, daß man die Verdammnis nur durch den Glauben erreichen könne. Whimper McWhinus dagegen stellte die Behauptung auf, daß man auch für gute Taten verdammt werden könnte. Vom Trunk erhitzt hatte McShamus dem McWhinus mit einem Haferkuchen an die Schläfe geschlagen und ihn getötet. McShamus wurde vor Gericht gestellt. Obwohl ihn die geschicktesten Anwälte von Aucherlocherty verteidigten, wurde er freigesprochen. In der Nacht nach dem Freispruch, lag Whangus McWhinus, der Sohn des Ermordeten, in der hohlen Gasse der Talstraße, da wo sie sich zu den Klippen erhebt, lauerte Shamus McShamus auf und schoß ihn in den Dudelsack.Seitdem raste die Blutrache mit unstillbarer Bitterkeit schon anderthalb Jahrhunderte lang.

In jeder Generation wurde der Unterschied zwischen den beiden Familien größer. Sie unterschieden sich in jeder nur möglichen Hinsicht. Sie trugen verschiedene Tartans, hatten verschiedene Geistliche, tranken unterschiedliche Whiskysorten und blieben bei unterschiedlichen Doktrinen in Bezug auf die ewige Verdammnis.

Zu allem Überfluß wurden die McWhinusse reich und die McShamusse arm.

In jeder Generation war mindestens ein McWhinus oder McShamus erschossen worden, und immer in der Haarnadelkurve der Talstraße, wo sie zu den Klippen emporsteigt. Schließlich waren die McWhinusse vor zwei Generationen reich geworden, weil auf ihrem Land ein Kohlevorkommen entdeckt wurde. Um den McShamussen ihre Verachtung zu zeigen, waren sie nach Amerika ausgewandert. Um den McWhinussen wieder ihre Verachtung zu zeigen, waren die McShamusse im Tal geblieben. Die Blutrache wurde in ihrer Erinnerung lebendig gehalten.

Und nun war der Nachkomme der McWhinusse zurückgekommen und hatte das Anwesen des Laird von Aucherlocherty neben dem Bach gekauft. Ian McWhinus wußte nichts von der Fehde. Er war in einer anderen Welt großgeworden, und die Traditionen Schottlands bedeuteten ihm nichts. Er war völlig degeneriert. Für ihn war ein Tartan nur noch ein Stück buntes Tuch. Den Kilt trug er nur zum Maskenball beim Halloween-Tanz. Und wenn es regnete, trug er einen Regenmantel. Er war kein Schotte mehr. Darüber hinaus hatte er eine schöne amerikanische Frau geheiratet, eine Talkum-Puder-Blondine mit einem Teiggesicht und der exquisiten Rundlichkeit des Konservenfabrikdistriktes im mittleren Westen. Ian McWhinus war ihr Sklave. Wegen ihr hatte er von Hannah die Hummer gekauft. Wegen ihr hatte er das schöne Hochlandmädchen genau geprüft, denn seine Frau wollte sehr gern ein schottisches Hausmädchen mit zurück nach Chicago nehmen.

Inzwischen folgte Hannah, mit der Verzückung einer neuen Liebe im Herzen, ihrem Vater Oyster McOyster McShamus zu der Hütte. Oyster McOyster, obwohl in vorgeschrittenem Alter, war ein schönes Beispiel schottischer Männlichkeit. Im Alter von siebenundneunzig Jahren näherte er sich dem Alter, in dem viele seiner Landsleute schon den Zahn der Zeit zu spüren bekommen. Aber er ging gerade wie eine Latte, während seine hohe Statur und seine schottische Kleidung seine schöne Äußerlichkeit noch unterstrichen. Die Kleidung bestand aus einer schwarzen Käferflügeljacke, die von der Schulter abwärts den halben Rücken bedeckte und sich in dem kurzen Kilt in den Farben der McShamusse fortsetzte, der sich von der Hüfte bis zur halben Oberschenkelhöhe erstreckte. Nach einem Interval tauchte die Kleidung in der Form eingerollter Golfstrümpfe wieder auf, die sich bis zur halben Kniehöhe erhoben, während an seinen Füßen die Halbschuhe auf halber Länge mit Schnallen besetzt waren. Auf seinem Kopf, auf halber Höhe zwischen dem Ohr und der Schädeldecke, trug er eine halbe schottische Mütze, von welcher sich eine große Rhinozerosfeder bis zur halben Höhe der Atmosphäre erhob.

Unter den Armen trug er zwei Dudelsäcke, aus denen er beim Gehen diese tiefen und kläglichen Töne heraus blies, die viel dazu beigetragen hatten, die Charaktere derer, die die Töne hörten, mit Melancholie und resignierter Verzweiflung zu erfüllen.

In der Tür der Hütte drehte er sich um und faßte seine Tochter ins Auge.

»Was sagte Ian McWhinus z'dia am Bach?«, fragte er furchteinflößend.

»War ka Beschühß net«, sagte Hannah, und weil die Wahrheit ihr teurer war als die Rache des Vaters, fügte sie hinzu: »Er gob mi Sixpence für'n Füsch.«

»Sülber!« schrie der Hochländer. »A Sülberstück von an McWhinus!«

Hannah gab ihm das Sixpencestück. Oyster McOyster schmetterte es fürchterlich zu Boden. Dann nahm er es auf und schmetterte es mit voller Wucht gegen die Wand der Hütte. Dann hob er es wieder auf und schmetterte es ärgerlich in die Tasche seines Kilts.

Sie betraten die Hütte.

Hannah hatte das Gesicht ihres Vaters nie so starr gesehen wie in dieser Nacht.

Ihr Heim schien verwandelt.

Hannah und ihre Mutter und ihr Vater setzten sich zu ihrem einfachen Abendmahl von Hafergrütze und schottischen Whisky nieder. Am Abend spann die Mutter. Fleißig widmete sie sich ihrer Arbeit, denn für sie war es eine Herzenssache. Ihr Ältester, Jamie, war in Edingburgh auf dem College, um Geistlicher zu werden. Der Tag der Abschlußprüfung kam näher, und Jamies Mutter spann ihm eine Hose für diesen Tag. Die Hose sollte eine Überraschung sein. Sie begann schon auszusehen. Oyster McShamus saß still da und las das Alte Testament während Hannah in das Torffeuer sah und an den schönen jungen Laird dachte. Nur einmal sagte der Hochländer etwas.

»Der McWhinus ist zurückgekommen«, sagte er und er blickte zu der alten Steinschloßflinte an der Wand. In dieser Nacht träumte Hannah von der Fehde, vom Tal, vom Bach, von Liebe, von Hummern und vom Laird von Loch Aucherlocherty. Und als sie sich am Morgen erhob, hatte sie einen sehnsüchtigen Blick in den Augen, aber kein Lied in der Kehle.

Die Tage vergingen.

Täglich sah das schöne Hochlandmädchen den Laird, wenn auch ihr Vater es nicht wußte.

An den Morgen sah sie ihn, wenn er zum Bach kam, um zu angeln. Manchmal trug er seinen Angleranzug, ein anderes Mal trug er einen Knickerbockeranzug aus Hirtenplaid mit einem Negligéhemd mit Dominomuster. Ihm zuliebe machte sich das schöne Hochlandmädchen noch schöner. Jeden Morgen flocht sie sich eine schottische Distel ins Haar und klebte sich Kletten ans Herz.

Und manchmal sprach er sie an. Oh, wie Hannah seine Worte schätzte! Einst, als er ihres Vaters in der Entfernung ansichtig wurde, fragte er sie, wer denn die alte Sardine in Petticoats wäre. Und das Mädchen hatte froh geantwortet, daß es ihr Vater war. Denn als Tochter eines Fischers freute es sie, wenn ihr Vater mit einer Sardine verwechselt wurde.

Ein andermal fragte er sie, ob sie geschickt in der

Hausarbeit wäre. Oh, wie Hannahs Herz bei dieser Frage geschlagen hatte. Sie beschloß, ihm eine Hose zu spinnen, genau wie die für Jamie, die nun ihrer Fertigstellung entgegenging.

Jeden Abend bei Sonnenuntergang schaute das Hochlandmädchen heimlich aus dem Fenster der Hütte und beobachtete, wie der junge Laird in seinem Auto die Talstraße zur See hinunterfuhr. Immer pflegte er in der Haarnadelkurve auf der Höhe der Klippen die Geschwindigkeit zu drosseln. Seit sechs Generationen war dort in der Dunkelheit kein McWhinus lebendig vorbeigefahren. Aber Ian McWhinus wußte nichts von der Fehde.

Manchmal sah ihn Oyster McOyster vorbeifahren und schickte ihm, an der Seite der Straße stehend, gälische Flüche hinterher.

Einmal, als ihr Vater nicht zu Hause war, hatte Hannah am Straßenrand gestanden, und Ian hatte das Auto angehalten und sie ein Stück mitgenommen. Hannah, deren Herz vor Entzücken kräftig schlug, hatte ihm zugehört, als er ihr erklärte, wie das Auto gefahren wird. Hätte ihr Vater gewußt, daß sie neben einem McWhinus gesessen hatte, hätte er sie auf der Stelle erschlagen.

Die Tragödie von Hannahs Liebe näherte sich schnell ihrem Ende.

Täglich traf sie den jungen Laird am Bach. Täglich gab sie ihm ihre besten Hummer. Täglich trug sie eine neue Distel. Und jede Nacht, wenn ihre Mutter schlief, spann sie ein neues rundes Stück an seiner Hose.

Und der junge Laird sagte, wenn er zu seiner

Talkum-Puder-Blondine nach Hause kam, daß das Hochlandfischermädchen nur halb so vollidiotisch wäre, wie es einem vorkam.

Dann kam der schicksalhafte Nachmittag.

Ian stand neben ihr am Bach.

»Hannah«, sagte er und beugte sich zu ihr, »ich möchte dich mitnehmen nach Amerika.«

Hannah fiel ohnmächtig in seine Arme.

Ian lehnte sie an einen Baum und ging nach Hause.

Eine Stunde später, als Hannah nach Hause kam, stand ihr Vater am Kamin. Er starrte stur ins Feuer und hatte das Steinschloßgewehr in der Hand. Er hatte den alten harten Fehdenausdruck im Gesicht, und Flüche murmelten von seinen Lippen. Seine Frau Ellen klammerte sich an seinen Arm und versuchte vergeblich, ihn zu beruhigen.

»I vafluch'n« murmelte er, »in d'r Nacht, wann'r mit saim Teuflsmaschin vorbeikommt, werd' i ihm töten.«

Da wußte Hannah, daß Oyster McShamus sie mit Ian am Bachufer gesehen hatte. Sie wandte sich ab und floh aus dem Hause. Sie rannte geradewegs zum Herrenhaus von Aucherlocherty, um Ian zu warnen. Sie dachte nur daran, ihn vor der Rache des Vaters zu bewahren. Es wurde Nacht um das Hochlandmädchen, als sie rannte. Die Regenwolken und der sich zusammenbrauende Sturm hingen mit zuckenden Blitzen über ihr. Sie rannte weiter. Um Sie herum waren das Rollen des Donners und das wütende Brüllen des angeschwollenen Baches. Dann brach aus der Dunkelheit das wilde Hochlandunwetter hervor. Der Himmel bot ein Spiel der tobenden Elemente. Hannah rannte weiter. Immer wieder wurde sie vom Blitz getroffen, aber sie rannte weiter. Sie fiel über Steine, stolperte in die Wagenfurchen, preschte in die Hecken, wurde gegen Steinmauern geblasen. Aber sie hielt nicht ein. Sie lief schneller und schneller. Der Sturm war schrecklich. Um sie herum nichts als Blitze, Flammen und Donner. Bäume kippten um, Hürden flogen durch die Luft, Vögel wurden vom Blitz getroffen. Hunde, Schafe und sogar Rindviecher wurden durch die Luft gewirbelt.

Sie erreichte das Herrenhaus und verhielt einen Moment an der Tür. Der Sturm schlief ein, der Regen hörte auf, und für einen kurzen Augenblick herrschte Ruhe. Licht strömte aus den Fenstern des Hauses. Hannah machte eine Pause. Plötzlich hatte ihr Herz eine böse Ahnung. Ihr schnelles Ohr hatte drinnen eine Frauenstimme vernommen. Sie ging zum Fenster, schaute hinein und starrte wie festgenagelt durch die Scheibe.

Ian lag auf dem Sofa. Das Negligé-Gewand, das er trug, unterstrich die bleiche Schönheit seines Gesichtes. Neben ihm saß die Talkum-Puder-Blondine. Sie füttere ihn mit Schokolade. Hannah verstand. Ian hatte mit ihrer Liebe gespielt. Er hatte ihr die Hummer abgekauft, nur um ihr Herz zu erobern, und nur, um es dann achtlos fallen zu lassen.

Hannah wandte sich vom Fenster weg. Sie rupfte sich die Distel von der Kehle und schmiß sie zu Boden. Dann, als sie den Blick wandte, wurde sie des Autos im Schuppen ansichtig.

»Die Teuflsmaschin!« murmelte sie, während die

wilde Hochlandwut in ihren Augen blitzte. Dann raste sie auf das Auto los und schrie, während sie die Schutzplane hinwegzerrte: »Diese Nacht wartest du nicht vergebens, Oyster McShamus!«

Einen Moment später donnerte das Auto mit Hannah am Steuer die Straße zum Tal hinunter. Sie fuhr mit Vollgas, und das wahnsinnige Mädchen klammerte sich fest an den Gangschaltungshebel, als die Maschine den Hang abwärts ruckte und donnerte. Der Sturm tobte wieder, und der Donner mischte sich mit dem Brummen der Maschine, die in einer Wahnsinnsfahrt Richtung See fuhr. Vorn leuchtete der große Autoscheinwerfer. Sein grelles Licht erleuchtete im Vorbeifahren sekundenlang die Bäume und den Bach und blendete die Augen von Oyster, der aufrecht auf der Klippe unter der Straße stand, die Muskete in der Hand, die leuchtende Erscheinung anstarrend, die sein Hochlandblut schneller durch die Adern fließen ließ.

In einem Augenblick war alles vorbei. Ein blendender Lichtblitz, der Knall einer Muskete, ein donnerndes Echo und ein Auto, mit dem das verliebte Mädchen kopfüber von den Klippen stürzte.

Sie fanden es dort am Morgen. Es lag bewegungslos auf der Seite, halb im Sand begraben, halb ungedreht und dem blauen Hochlandhimmel zugewandt, ruhig nun, nach dem Wüten des Sturmes. Ruhig und still lag es da. Die Seevögel schienen im Fluge einzuhalten, um auf es herniederzuschauen. Die kleine Gruppe von Schotten, die sich um es herum versammelt hatte, starrte es voll Ehrfurcht an. Sie machten keinen Versuch, es wieder in Ordnung zu bringen. Es wäre sinnlos gewesen. Die Benzinleitungen waren verdreht und verbogen, der Tank geborsten, die Ketten gebrochen, und das Steuerrad war nur noch ein Wrack. Nie wieder würde der Motor sich drehen. Nach einiger Zeit erholten sie sich von ihrem Kummer und sahen sich nach Hannah um. Sie fanden sie. Sie lag in Sand und Tang, das Haar von Benzin durchweicht. Dann sahen sie sich nach Oyster McShamus um. Auch ihn fanden sie, halb im Gras begraben und von Whisky durchweicht. Dann sahen sie sich nach Ellen um. Sie fanden sie auf der Türschwelle der Hütte, halb unter Jamies Hose begraben. Sie trugen dann alle auf einen Haufen. Das Leben war noch nicht aus ihnen entschwunden. Sie rieben ihre Füße. Sie legten heiße Steine auf ihren Bauch. Sie gossen Whisky in die Kehlen. Letzteres wirkte.

Selbstverständlich.

Es wirkt immer.

Sie lebten alle.

Aber mit der schönen Blutrache war es zu Ende. Hannah hatte ihr das Lebenslicht ausgeblasen.

Im Tang vertäut
oder: Im Ozean verschollen

(Eine altmodische Seefahrergeschichte)

Es war im August 1867, als ich an Bord der *Saucy Sally* ging, die in Gravesend im Dock lag. Ich sollte den Posten des Zweiten Maates übernehmen.

Lassen Sie mich zuerst etwas von mir berichten!

Ich war ein hochgewachsener, hübscher, stabil und kräftig gebauter junger Bursche. Sonne und Mond hatten meine Haut bronzefarbig gemacht (und sogar die Sterne hatten kupferfarbene Flecken hinterlassen). Mein Gesicht drückte Ehrenhaftigkeit, Intelligenz, überhaupt überdurchschnittliche Geistesgaben, kombiniert mit Glaubhaftigkeit, Einfachheit und Bescheidenheit aus.

Als ich an Bord ging, war ich machtlos gegen ein leichtes Gefühl des Triumphes, als ich meine seemännische Erscheinung in einem Teerfaß gespiegelt sah, das neben dem Mast stand, während ich kurz danach kaum die Zufriedenheit unterdrücken konnte, als ich mich erneut in einem Eimer Bilgenwasser wiedergespiegelt sah.

»Willkommen an Bord, Mr. Blowhard«, rief Kapitän Bilge aus, indem er aus dem Kompaßhaus herauskam und mir über die Heckreeling hinweg die Hand hinstreckte.

Ich sah vor mir einen schönen seemännischen Mann zwischen vierzig und sechzig, glatt rasiert, wenn man von einem enormen Backenbart, einem schweren Kinnbart und einem enormen Schnauzbart absah. Er war eine imposante Erscheinung, hielt seinen Knüppel schön nach achtern und steckte in einer breiten Pluderhose, auf deren Hosenboden man die gesamte Geschichte der britischen Marine hätte niederschreiben können.

Neben ihm standen der Erste und der Dritte Maat. Beide waren stille Männer von schmächtiger Statur, die den Kapitän mit Besorgnis anblickten.

Das Schiff stand kurz vor dem Auslaufen. Das Deck zeigte die Szene von Geschäftigkeit und Munterkeit, die jedem Seemannsherzen teuer ist. Emsig nagelten die Männer die Segel an die Masten, hingen den Bugsprit dwars über Bord, strichen die Speigats in Lee und gossen heißen Teer die Gangway hinunter.

Kapitän Bilge hielt ein Megaphon an seine Lippen und rief den Männern in seiner rauhen Seemannsart ununterbrochen etwas zu:

»Also dann, Gentlemen, überanstrengen Sie sich nicht! Denken Sie bitte dran, daß wir viel Zeit haben! Bitte halten Sie sich nach Möglichkeit im Schatten! Jones, klettere vorsichtig in die Takelage; ich fürchte, sie ist ein bißchen zu hoch für dich. Paß auf, Williams, mach dich nicht am Teer schmutzig! Sonst siehst du gar nicht schick aus.«

Ich lehnte mich über die Gaffel des Großsegels und dachte – jawohl dachte, lieber Leser, an meine Mutter. Ich hoffe, du wirst deshalb nicht geringer von mir denken. Immer wenn es trübe für mich aussieht, lehne ich mich an etwas an und denke an meine Mutter. Wenn es ganz schwarz aussieht, stehe ich auf einem Bein und denke an Vater. Danach kann ich allem ins Auge sehen.

Dachte ich vielleicht auch noch an jemand anders, jünger als Mutter und schöner als Vater? Oh, ja! »Trag es mit Fassung«, hatte ich geflüstert, als sie ihren Kopf unter meinem Ölzeug verborgen und in ohnmächtigem jungfräulichen Leid mit einem Fuß ausgeschlagen hatte, »die Reise dauert nur fünf Jahre, und dann nur noch drei solcher Reisen, und schon bin ich wieder da, mit genug Geld, um ein gebrauchtes Fischernetz kaufen und mich an der Küste ansiedeln zu können.«

Inzwischen war das Schiff klar zum Ablegen. Die Masten waren alle gehißt, die Segel angenagelt, und Männer mit Äxten kappten geschäftig die Gangway.

»Alle bereit?« rief der Kapitän.

»Ai, ai, Sir.«

Dann hiewt Anker an Bord und schickt einen Mann mit dem Schlüssel nach unten, der die Bar aufschließen soll!«

Das Aufschließen der Schiffsbar! Die letzte traurige Zeremonie des Inseestechens. Wie oft während meiner Seereisen habe ich das erlebt. Die kleine Gruppe von Männern, die im Begriff war, von ihrem heimatlichen Gestade getrennt zu werden, stand mit traurigen Gesichtern, gebannt in seltsamer Faszination da und wartete darauf, daß der Mann mit dem Schlüssel die Bar aufschloß.

Am nächsten Morgen hatten wir mit kräftigem Achterwind die Spitze von England umschifft und fuhren durch den Ärmelkanal.

Ich kenne keinen schöneren Anblick, für den, der ihn noch nicht kennt, als den Ärmelkanal. Er ist die Hauptverkehrsader der Welt. Schiffe aller Nationen fuhren hin und her, Holländer, Schotten, Venezuelaner und sogar Amerikaner.

Chinesische Dschunken flitzen hin und her. Überall Kriegsschiffe, Motorjachten, Eisberge und Flöße. Der Leser wird die Majestät der Szenerie voll begreifen, wenn ich hinzufüge, daß man wegen des überaus dichten Nebels nicht die Hand vor Augen sehen konnte.

Wir sind nun schon drei Tage auf See. Meine erste Seekrankheit ist überstanden, und ich denke weniger an Vater. Am dritten Morgen kam Kapitän Bilge in meine Kabine hinunter.

»Mr. Blowhard«, sagte er, »ich muß Sie bitten, doppelte Wache zu stehen.«

»Was ist passiert?« fragte ich.

»Die andern beiden Maate sind über Bord gefallen«, sagte er schweren Herzens und wich meinem Blick aus.

Ich begnügte mich damit zu sagen:»Sehr gut, Sir«, aber ich konnte mir nicht helfen, ich fand es etwas seltsam, daß beide Maate in der gleichen Nacht über Bord gefallen waren.

Sicher steckte ein Geheimnis dahinter. Zwei Monate später erschien der Kapitän mit dem gleichen unsteten und bedrückten Blick am Frühstückstisch.

»Ist was nicht in Ordnung, Sir«, fragte ich.

»Ja«, antwortete er und probierte unbeschwert zu erscheinen, während er ein gebratenes Ei so nervös zwischen den Fingern hin und her drehte, daß er es fast zerbrochen hätte. »Ich bedaure sagen zu müssen, daß wir den Bootsmann verloren haben.«

»Den Bootsmann?« schrie ich.

»Ja«, sagte Kapitän Bilge ruhiger, »er ist über Bord. Ich gebe mir selber daran die Schuld ... teilweise. Es war heute morgen ganz früh. Ich hielt ihn im Arm, damit er nach einem Eisberg Ausschau halten konnte, und sehr versehentlich, bitte glauben Sie mir, ließ ich ihn über Bord fallen.«

»Kapitän Bilge«, fragte ich, »haben Sie etwas unternommen, um ihn zu retten?«

»Bis jetzt noch nicht«, sagte er bedrückt.

Ich sah ihn scharf an, aber er sagte nichts.

Zehn Tage vergingen.

Das Geheimnis wurde immer voller, und Donnerstag vermißte man zwei Leute von der Steuerbordwache. Am Freitag verschwand der Gehilfe des Schiffszimmermanns. In der Nacht zum Sonnabend traten Umstände auf, die erkennen ließen, was vor sich ging.

Als ich um Mitternacht am Ruder stand, sah ich, wie der Kapitän aus der Dunkelheit auftauchte und den Schiffsjungen am Hinterbein trug. Der Schiffsjunge war mit sympathisch, denn er war ein hübscher und lustiger kleiner Bursche, und ich beobachtete interessiert, was der Kapitän mit ihm vorhatte. Am Achtersteven sah sich Kapitän Bilge einen Augenblick vorsichtig um und ließ den Jungen dann ins Meer fallen. Einen kurzen Augenblick lang tanzte der Kopf des Bengels auf den glitzernden Wogen. Der Kapitän warf einen Stiefel nach ihm, seufzte tief und ging dann unter Deck.

Das war der Schlüssel zu dem Geheimnis. Der Kapitän warf die Mannschaft über Bord.

Am nächsten Morgen trafen wir uns, wie gewöhnlich, beim Frühstück.

»Der arme kleine Williams ist über Bord gefallen«, sagte der Kapitän, griff sich ein Stück Schiffsspeck, schlug die Zähne in diesen und zog daran, als wollte er ihn essen.

»Kapitän«, sagte ich erregt, indem ich mit solcher Wildheit auf ein Stück Schiffszwieback einstach, als wollte ich mein Messer in diesen hineinpieksen. »Sie haben den Jungen über Bord geworfen!«

»So ist es«, sagte Kapitän Bilge und wurde plötzlich still. »Ich habe Sie alle über Bord geworfen und will auch noch den Rest hinterherschmeißen. Hören Sie Blowhard! Sie sind jung, ehrgeizig und vertrauenswürdig. Ich will mich Ihnen anvertrauen.«

Jetzt völlig ruhig, schritt er zu einem Schränkchen, stöberte einen Moment darin herum und zog ein vergilbtes, verblichenes Stück Pergament heraus, das er auf dem Tisch ausbreitete. Es war eine Karte oder Seekarte. In ihrer Mitte war ein Kreis. In der Mitte des Kreises war ein Pünktchen und der Buchstabe T, während sich oben auf der Karte der Buchstabe N und unten der Buchstabe S befand.

»Was ist das?« fragte ich.

»Erraten Sie es nicht?« frug Kapitän Bilge zurück. Es ist eine unbewohnte Insel.«

»Aha!« erwiderte ich in einem Erleuchtungsblitz, »und N heißt Norden und S heißt Süden.«

»Blowhard«, sagte der Kapitän und schlug so gewaltig mit der Faust auf den Tisch, daß die Schiffszwiebäcke drei bis vier mal auf und ab tanzten, »Sie haben den Nagel auf den Kopf getroffen. Darauf war ich noch gar nicht gekommen.«

»Und der Buchstabe T?« fragte ich.

»T heißt Treasure, Schatz, ein vergrabener Schatz«, sagte der Kapitän, drehte die Karte um und las von der Rückseite vor: »Der Punkt T zeigt die Stelle an, wo der Schatz im Sand vergraben ist. Er besteht aus einer halben Million spanischer Taler und ist in einem braunen ledernen Schrankkoffer vergraben.«

»Und wo ist die Insel?« wollte ich, völlig außer mir, wissen.

»Dies weiß ich nicht«, sagte der Kapitän. »Ich habe die Absicht einen Breitengrad nach dem anderen abzusegeln, bis ich sie gefunden habe.«

»Und inzwischen?«

»Inzwischen muß man zuallererst die Mannschaft reduzieren, um mit weniger Leuten teilen zu müssen. »Na los«, fügte er mit einer Freimütigkeit hinzu, die ihn mir trotz seines Fehlverhaltens sympathisch machte, »seien Sie mit von der Partie! Wir schmeißen sie alle in den

Bach. Nur den Koch heben wir bis zuletzt auf. Dann graben wir den Schatz aus und sind reich bis an unser Lebensende.«

Lieber Leser, würdest du mich tadeln, wenn ich ja gesagt hätte? Ich war jung, heißblütig, ehrgeizig, berechtigte zu den schönsten Hoffnungen und war voll jugendlicher Begeisterung.

»Kapitän Bilge«, sagte ich, ihm die Hand reichend, »ich bin ihr Mann.«

»Gut«, sagte er, »dann gehen Sie ins Vorschiff und kriegen Sie raus, was die Männer denken!«

Ich ging in die Unterkunft der Männer, einem einfachen Raum im Vorderteil des Schiffes. Er war lediglich mit einem rauhen Teppich, einigen einfachen Lehnsesseln, Schreibtischen, Spucknäpfen mit einfachen Mustern und kleinen Bronzebetten mit blauen und grünen Vorhängen ausgestattet. Es war Sonntagmorgen, und die Männer saßen zum größten Teil in ihren Morgenröcken herum.

Als ich hereinkam, erhoben und verbeugten sie sich.

»Sir«, sagte Tompkins, der Bootsmannsmaat, »ich halte es für meine Pflicht Ihnen zu sagen, daß es da eine schöne Unzufriedenheit unter den Leuten gibt.«

Einige Männer nickten.

Er fuhr fort und erhob, die Fassung verlierend, die Stimme: »Die Art und Weise des andauernden Männer-über-Bord gefällt ihnen nicht. Es ist völlig absurd, Sir. Und wenn Sie mir die Bemerkung erlauben, die Männer sind alles andere als erfreut darüber.«

»Tompkins«, sagte ich streng, »Sie müssen schon verstehen, daß meine Dienststellung es mir nicht gestattet, derart meuterische Reden anzuhören.« Ich kehrte zum Kapitän zurück. »Ich glaube, sie denken an Meuterei«, sagte ich.

»Gut«, sagte Kapitän Bilge und rieb sich die Hände, »dadurch werden wir eine Menge von ihnen los. Und natürlich erwarte ich auch noch jederzeit Piraten«, fügte er nachdenklich hinzu, indem er aus dem großen altmodischen Bullauge der Kabine auf die hohen Wogen des Südatlantik schaute. »Die werden uns auch noch ein paar vom Halse schaffen. Wie auch immer«, und damit läutete er nach einem Schiffsjungen, »bitten Sie freundlicherweise Mr. Tompkins zu mir!«

»Tompkins«, sagte der Kapitän, als der Bootsmannsmaat erschien, »seien Sie bitte so gut, und stellen Sie sich auf dieses Schränkchen, stecken Sie den Kopf durch das Bullauge und sagen Sie mir, was Sie vom Wetter halten!«

»Ai, ai, Sir«, sagte der Dummkopf mit einer Einfalt, die uns veranlaßte, ein leises Lächeln auszutauschen.

Tompkins stellte sich auf das Schränkchen und steckte Kopf und Schulter hinaus.

Mit einem Fußtritt stießen wir ihn durch. Wir hörten ihn ins Meer plumpsen.

»Tompkins war ein leichter Fall«, sagte der Kapitän, »entschuldigen Sie mich einen Augenblick! Ich muß seinen Tod ins Logbuch eintragen.«

»Ja«, fuhr er plötzlich fort, »es wäre eine große Hilfe für uns, wenn sie meutern würden. Ich nehme an, früher oder später werden sie es tun. Es ist alter Seemannsbrauch. Aber ich will nichts tun, um die Sache zu überstürzen, bevor die Piraten hier waren. In diesen Breiten sind sie jeden Augenblick zu erwarten. Wenn Sie bis dahin fortfahren könnten, wöchentlich ein bis zwei über Bord fallen zu lassen, wäre ich Ihnen sehr dankbar, Mr. Blowhard«, sagte er, sich erhebend.

Drei Tage später umschifften wir das Kap der Guten Hoffnung und kamen in die tintenschwarzen Wasser des Indischen Ozeans. Und bei günstigem Wind kreuzten wir mit atemberaubender Geschwindigkeit im Zickzackkurs über die spiegelglatte See.

Am vierten Tag erschien ein Piratenschiff. Lieber Leser, ich weiß nicht, ob du je ein Piratenschiff gesehen hast. Dieser Anblick kann selbst das mutigste Herz erschüttern. Das ganze Schiff war schwarz gestrichen, eine schwarze Flagge wehte an der Mastspitze, schwarzgekleidete Decksleute spazierten Arm in Arm über das Deck, und am Bug stand in weißen Buchstaben »Piratenschiff«. Als die Mannschaft das sah, wurde sie mutlos. Der Anblick hätte jeden Hund feige gemacht.

Die beiden Schiffe gingen längsseits. Sie wurden durch eine dünne Strippe und zwei Balken sorgfältig miteinander verbunden. Auf die Balken legte man eine Laufplanke. Im Nu schwärmten die Piraten über unser Deck, rollten mit den Augen, knirschten mit den Zähnen und feilten sich die Fingernägel.

Dann begann der Kampf. Er dauerte zwei Stunden, abzüglich einer Viertelstunde Mittagspause. Es war schrecklich. Die Männer purzelten übereinander, stießen sich von hinten mit Füßen, ohrfeigten sich, und manche verloren die Selbstbeherrschung und versuchten zu beißen. Ich sah einen großen Burschen. Er hatte sich einen Knoten in ein Handtuch gemacht und schlug damit rechts und links auf unsere Leute ein, bis Kapitän Bilge auf ihn zustürzte und ihn mit einer Bananenschale aufs Maul schlug.

Nach zwei Stunden wurde der Kampf im gegenseitigen Einvernehmen unentschieden abgebrochen. Es stand einundsechzigeinhalb zu zweiundsechzig.

Die Strippen wurden losgemacht, und beide Schiffe setzten mit drei Hurras von jeder Mannschaft ihren Weg fort.

»Nun denn«, sagte der Kapitän an meiner Seite, »wollen wir doch mal schauen, wer von der Mannschaft erschöpft genug ist, um über Bord geworfen zu werden.«

Er ging unter Deck. Nach einigen Minuten kam er totenbleich zurück. »Blowhard«, sagte er, »das Schiff sinkt. Ein Pirat hat ein Loch in die Bordwand getreten. Sicher ein Versehen. Ich möchte niemandem einen Vorwurf machen. Wir wollen mal am Pumpenrohr lauschen.«

Wir legten unser Ohr ans Punpenrohr. Es plätscherte wie Wasser.

Die Männer wurden an die Pumpen gerufen und arbeiteten mit der irren Hast, die nur der verstehen kann, der je mit einem sinkenden Schiff ertrunken ist.

Um sechs Uhr nachmittgs hatten wir einen halben Zoll Wasser am Pumpenrohrpegel, bei Einbruch der

Dunkelheit einen Dreiviertelzoll. Und bei Tagesanbruch nach einer Nacht ununterbrochener Schufterei waren es sieben achtel Zoll.

Am Mittag des folgenden Tages war das Wasser auf fünfzehn sechzehntel Zoll gestiegen, und in der nächsten Nacht war der Pegel auf einunddreißig zweiunddreißigstel Zoll. Es war eine verzweifelte Situation. Bei dieser Zuwachsrate konnten nur wenige, wenn überhaupt jemand, sagen, bis wohin das Wasser in einigen Tagen steigen würde.

In dieser Nacht rief mich der Kapitän in seine Kajüte. Er hatte eine große Logarhythmentafel vor sich, und große Bögen mit gemeinen Brüchen lagen über den gesamten Fußboden verstreut.

»Das Schiff wird sinken«, sagte er, »ja es sinkt schon. Es läßt sich mathematisch beweisen. Es kann sechs Monate, aber auch Jahre dauern, aber sinken wird es, wenn das so weitergeht. Wir können nur eins tun: Das Schiff verlassen.«

Während die Mannschaft fleißig pumpte, baute ich mit dem Kapitän in dieser Nacht ein Floß.

Unbemerkt kappten wir die Maste, hauten sie in Stücke geeigneter Länge, stapelten diese kreuzweise übereinander und banden sie fest mit Schnürsenkeln zusammen.

Hastig warfen wir einige Proviantkisten und Flaschen mit trinkbarer Flüssigkeit, einen Sextanten, ein Chronometer, ein Gasometer, eine Fahrradpumpe, sowie andere wissenschaftliche Instrumente an Bord des Floßes. Dann nutzten wir eine Schlingerbewegung des

Schiffes aus, um das Floß zu wassern. Wir ließen uns an einem Tau herunter. Unter dem Schutz der undurchdringlichen Dunkelheit der Tropennacht paddelten wir von dem Schiff fort, das zum Untergang verurteilt war.

Der anbrechende Morgen fand uns als kleinen Punkt auf dem Indischen Ozean, ungefähr so groß:

Nachdem wir uns am Morgen, so gut es ging, angekleidet und rasiert hatten, öffneten wir die Verpflegungskiste.

Dann kam all der Schrecken unserer Lage auf uns zu.

Der Kapitän holte eine quaderförmige Büchse mit eingemachtem Fleisch nach der anderen aus der Kiste. Wir zählten zweiundfünfzig. Ängstlich und mit langen Gesichtern sahen wir zu, bis die letzte Büchse herausgeholt worden war. Nur ein Gedanke beherrschte uns. Am Ende erhob sich der Kapitän und starrte mit wilden Augen in den Himmel.

»Der Büchsenöffner!« kreischte er, »du lieber Himmel, der Büchsenöffner«, und er fiel vornüber.

Inzwischen öffnete ich mit zitternden Händen die Flaschenkiste. Sie enthielt Dünnbierflaschen, jede mit einem Kronkorken. Ich holte eine nach der anderen heraus. Zusammen zweiundfünfzig Stück. Nach der letzten sah ich in die leere Kiste vor mir und schrie: »Das Dings! Das Dings! Gnädiger Himmel, das Dings, wo man sie mit aufmachen tut!«

Ich fiel vornüber auf den Kapitän.

Wir erwachten, um uns immer noch als kleiner Punkt auf dem Ozean wiederzufinden. Wir fühlten uns noch kleiner als vorher.

Über uns war der kupfern leuchtende tropische Himmel. Die schwere bleierne See leckte an den Seiten des Floßes. Um uns herum ein wüster Haufen Corned-Beef-Konservenbüchsen und Dünnbierflaschen. Was wir in den folgenden Tagen litten, ist unbeschreiblich. Wir schlugen und bollerten mit den Fäusten auf die Konservenbüchsen. Sogar auf die Gefahr hin, das Zinn für immer zu verbeulen, hauten wir die Büchsen mit voller Kraft auf das Floß. Wir trampelten drauf, bissen drauf und verfluchten sie. Wir zogen und kratzten an den Flaschen mit unseren Händen, wir schlugen mit ihnen gegen die Büchsen, ohne Rücksicht darauf, daß wir die Flaschen hätten zerbrechen und völlig ruinieren können. Es war sinnlos.

Zehn Tage lang saßen wir einen Tag nach dem andern in schweigender Bedrücktheit herum, vom Hunger zernagt, ohne etwas zum Lesen, ohne etwas zu Rauchen und praktisch ohne etwas zum drüber reden.

Am zehnten Tag brach der Kapitän das Schweigen.

»Mach die Lose fertig, Blowhard«, sagte er, »nun ist es so weit.«

»Ja«, antwortete ich traurig, »wir werden täglich dünner.«

Mit der schrecklichen Aussicht auf Kannibalismus losten wir dann.

Ich machte zwei Stäbchen fertig und hielt sie dem Kapitän hin. Er zog den längeren.

»Na und? Hab ich gewonnen?« fragte er, zwischen Hoffnung und Verzweiflung zitternd.

»Nein Bilge«, sagte ich traurig, »Sie haben verloren.«

Aber ich sollte nicht bei den nun folgenden Tagen verweilen – die langen ruhigen Tage faulen Träumens auf dem Floß, während derer ich langsam meine Kräfte zurückgewann, die mir durch Entbehrungen verloren gegangen waren. Es waren Tage tiefen ruhigen Friedens, lieber Leser, und ich kann mich ihrer nicht erinnern, ohne des mutigen Mannes zu gedenken, der sie mir ermöglichte.

Am fünften Tage erwachte ich davon, daß das Floß an eine Küste stieß. Ich hatte mit aller Hingabe nur gegessen und die Nähe von Land gar nicht bemerkt.

Vor mir lag eine Insel. Ihre runde Beschaffenheit und ihr niedriger Sandstrand weckten in mir sofort die Erinnerung.

»Die Schatzinsel«, schrie ich, »so werde ich letzten Endes doch für all meinen Heroismus belohnt!«

Völlig außer mir raste ich ins Zentrum der Insel. Und was mußte ich dort sehen? Eine in den Sand geschaufelte Kuhle, einen daneben liegenden leeren Schrankkoffer und eine tief in den Sand getriebene Schiffsplanke, auf welcher geschrieben stand: »*Saucy Sally*, Oktober 1867.« Oh! Die Schurken hatten das Schiff repariert und waren damit zu der Insel gefahren, von deren Vorhandensein sie von der Seekarte erfahren haben mußten, die wir so unvorsichtig auf dem Tisch in der Kajüte zurückgelassen hatten. Und sie hatten mich und Bilge unseres wohlverdienten Schatzes beraubt.

Von so viel Undankbarkeit erschüttert sank ich auf den Sand.

Die Insel wurde meine Heimat.

Ich lebte kümmerlich dahin, mich von Sand und Kies nährend und mit Kakteen kleidend. Die Jahre vergingen. Das Essen von Sand und Schlamm untergrub meine robuste Gesundheit. Ich fühlte mich krank, ich starb. Ich begrub mich.

Würden das doch nur alle Verfasser von solchen Seemannsgeschichten tun!

Carolines Weihnachtsfest
oder: Das rätselhafte Kind

Es war Weihnachten. Weih! nach! ten! Weihnachten mit dem Schnee, der funkelt wie ein Teppich aus Diamanten, Weihnachten mit all den guten Wünschen, mit Frieden auf Erden, Weihnachten mit Freude und Festlichkeit, Weihnachten – also kurz und gut Weihnachten.

Oh nein, so einfach wollen wir Weihnachten nicht abtun. Genauer gesagt war nicht Weihnachten, sondern der Heilige Abend mit dem Schneemantel unter dem ruhigen Mondlicht und der obigen Liste von Weihnachtsmerkmalen, zuzüglich einiger Verbesserungen.

Ja, Weihnachten war's.

Aber das ist noch nicht alles.

Gebt acht, *wo* es weihnachtete!

Es weihnachtete im trauten Heim. Übrigens lieber Leser, kennst du dies traute Heim? In einer Arbeitspause im großstädtischen Büro, dort wo du reich und habgierig geworden bist, erscheint es dir da nicht vor deinem geistigen Auge, dein trautes stilles Heim, wo du als Junge lebtest, bevor die Jagd nach dem schnöden Mammon dich von ihm riß? Oh, trautes Heim neben der Straße am Hang unter dem schneebedeckten Tann mit Scheunen und Schobern, die sich im Hintergrund an den Berg schmiegen! Die Petroleumlampe wirft einen bleistiftdicken Lichtstrahl durch die Fensterläden, der vier Meilen weit, bis zum Zedernsumpf im Tal zu sehen ist. Nein, rede mir nicht von modernen Scheinwerfern und weißglühenden Lichtbogenlampen angesichts einer Petroleumfunzel, die durch das Fenster eines Bauernhauses schimmert. Sie leuchtet über eine Entfernung von dreißig Jahren ins Herz. Lieber Leser, wendest du dich nicht wenigstens manchmal von der ungesunden Hast und Unruhe der Stadt, von der gottlosen Jagd nach Reichtum ab, und denkst du nicht an dein stilles Haus am Hügel? Nein?! Du Stinkstiebel!

Es war Weihnachten.

Das Licht schien aus den Fenstern des Farmhauses. Das unruhige Holzfeuer flackerte, und sein roter Schein mischte sich mit dem ruhigen gelben Glanz der Lampen.

John Enderby und seine Frau saßen in der Küche. Weißt du noch, was eine Küche ist, lieber Leser? Dieser Raum mit dem offenen Feuer im Herd und dem Kombinationsheizkochofenherd in der Ecke, dieser Raum, in dem man kocht, ißt und lebt? Die Küche ist das Wohnzimmer. Der einzige Raum, den es neben dem Schlafzimmer noch gibt, ist im Winter eiskalt, und es steht ein Harmonium drin, und darauf spielt man »Aus der Jugendzeit«, wenn Besuch kommt. Aber dieses Zimmer dient nur als Musik- und Leichenschmauszimmer. Denn der Mittelpunkt des Farmerhauses ist die Küche. Siehst du sie nicht vor dir? Nein?! Du blödes Stück!

Jedenfalls saß der alte John Enderby am glatten Holztisch. Er hatte seinen Kopf über die Hände gebeugt und das unrasierte Gesicht war von großem Leid gezeichnet. Von Zeit zu Zeit erhob er sich und warf einen frischen Fichtenast ins Feuer mit so wilder Kraft, daß die Funken aus dem Schornstein stoben. Dem Kamin gegenüber saß sein Weib Anna auf einem kerzengeraden Lehnstuhl und sah mit der stummen Resignation, die den Frauen eigen ist, ins Feuer.

Was hatten sie wohl? Ach, lieber Leser, wie kann man *so* dumm fragen? Weißt du nichts von dem Leben im trauten Heim?

1) Es ist ein trautes Heim.

2) Es ist Weihnachten.

3) Der Farmer hat große Sorgen.

4) Er wirft Fichtenäste ins Feuer.

5) Was folgt daraus?

Das Anwesen ist mit einer Hypothek belastet.

Vor zehn Jahren war John Enderby durch Schulden aus der Fassung geraten, durch Gewissensbisse nicht ganz zurechnungsfähig, halbirre vor Verzweiflung und vom Rheuma gepeinigt. Er hatte eine Hypothek von 24 Dollar und 30 Cent auf das traute Heim aufgenommen.

Heute Nacht war die Hypothekenschuld fällig, heute Nacht, heute Mitternacht, heute Heiligmitternacht. Das ist bei Schulden dieser Art üblich. Ja, Sir, sie wurden mit derart teuflischer Tücke festgelegt, daß die Hypothek in dieser Nacht der Nächte verfallen würde. Um Mitternacht würden die Männer mit Hammer und Nägeln kommen und alles verschließen, rundum vernageln.

Da saß nun das betrübte Paar.

Anna las, oder versuchte es wenigstens mit der geduldigen Resignation ihres Geschlechtes. Sie hatte Bunyans *Heiliges Leben und Heiliger Tod* vom Wandbrett genommen. Sie versuchte zu lesen. Es gelang nicht. Dann nahm sie Dantes *Inferno*. Sie konnte es nicht lesen. Dann wählte sie Kants *Kritik der reinen Vernunft* aus. Sie konnte auch dies nicht lesen. Dann nahm sie den Farmer-Almanach auf 1911. Das Buch lag auf ihr, und sie saß in geduldiger Verzweiflung da.

John Enderby zeigte alle Begierden eines zügellosen Charakters. Zuweilen langte er nach einem Krug Buttermilch, der neben ihm stand, und nahm einen Schluck, bis sein Gehirn von der berauschenden Flüssigkeit glühte, wie die Holzkohle der verbrannten Fichtenäste.

»John«, beschwor ihn Anna, »laß die Hände von der Buttermilch! Sie macht dich betrunken. Das hat noch nie etwas eingebracht.«

»Na und wenn schon«, sagte der Farmer und steckte den Kopf wieder in den Buttermilchkrug.

»Oh John, du solltest lieber das Gute Buch lesen, anstatt mit deiner Buttermilchorgie fortzufahren. Hier, Vater, nimm und lies!« Und sie nahm ein wohlzerfleddertes Buch vom Bord. Enderby unterbrach das Trinken und nahm den Band. Er und seine Frau hatten in ihrer Schulzeit keinen Religionsunterricht bekommen, aber die Einklassendorfschule hatte ihnen sehr genützt.

»Nimm das Buch«, sagte sie, »ließ, John, in dieser Stunde des Leids. Es wird dir Trost spenden.«

Der Bauer nahm das wohlzerfledderte Buch aus ihrer Hand (es waren Euklids *Elemente*), legte ehrfürchtig seinen Hut beiseite und las laut: »Die Basiswinkel eines gleichschenkligen Dreiecks sind gleich, ebenso wie die den Winkeln anliegenden Seiten und zwar unabhängig davon, wer das gleichschenklige Dreieck konstruiert.«

Der Farmer legte das Buch beiseite.

»Es hat keinen Zweck, Anna. Ich kann heute nacht die guten Worte nicht lesen.«

Er erhob sich, stolperte zum Buttermilchkrug, und bevor seine Frau es verhindern konnte, leerte er diesen bis auf den letzten Tropfen.

Dann sank er schwer in den Sessel.

»Soll sie doch fällig werden«, sagte er, »ich bin darüber hinweg.«

Die Frau sah traurig ins Feuer.

»Ach wenn nur Henry dagewesen wäre! Ihr Sohn Henry war vor drei Jahren fortgegangen. Seine frohen Briefe hatten stets einen Schein Hoffnung in das leidgeprüfte Farmhaus gebracht.

Henry war in Sing Sing. Durch seine Briefe erfuhr die Mutter von Henrys wachsenden Erfolgen.` Mittelstürmer in der Baseballmannschaft des Gefängnisses, Liebling der Strafvollzugsbeamten und des Gefängnisgeistlichen, bester Bridgespieler auf seinem Korridor. Mit dem alten Geist der Enderbys bahnte sich Henry seinen Weg.

Seine Mutter hatte gehofft, er würde zu Weihnachten bei ihr sein. Aber Henry schrieb, es wäre ihm nicht möglich, Sing Sing zu verlassen. Die Leitung hätte zu Weihnachten Tanz und Schlittenfahrt arrangiert. Es wäre ihm zwar möglich im Trubel unbemerkt zu verschwinden. Er wünsche jedoch, keine unnötige Aufregung zu verursachen.

Von den häuslichen Sorgen hatte Anna ihrem Sohn nichts berichtet.

Nein, Henry konnte nicht kommen. Es gab keine Hilfe. Und was war mit William, den um zehn Jahre älteren Bruder? William hatte das traute Heim verlassen, um sich in der Großstadt durchzuschlagen. »Mutter«, hatte er gesagt, »wenn ich eine Million Dollar gemacht habe, komme ich heim. Bis dahin tschüß also«, und er war gegangen.

Wie hatte Annas Herz für ihn geschlagen. Würde er die Million machen? Würde sie es je erleben? Die Jahre vergingen, und sie und John stellten sich oft vor, wie William die Million nach Hause brachte oder mit den besten Grüßen per Post schickte. Aber die Jahre vergingen. William kam nicht. Die große Stadt hatte ihn verschluckt, wie so viele Burschen, die ihr trautes Heim verlassen hatten.

Anna wurde aus ihren Gedanken gerissen.

Was war das an der Tür? Ein leises Klopfen. Ein Frauen gesicht schaute mit bittenden Augen durch die Glasscheibe in der Tür ins Zimmer. Was trug sie im Arm, was für ein Bündel drückte sie an die Brust, um es vor dem fallenden Schnee zu schützen? Kannst du es erraten, lieber Leser? Dreimal darfst du raten. Richtig. Das war es.

»Um Gottes Willen«, rief sie, »was tust du draußen in dieser Nacht? Komm rein Kind, und erwärme dich am Feuer!«

Die Frau trat ein, das kleine Bündel tragend, und sah mit großen Augen (es waren mindestens anderthalb Zoll Durchmesser) auf Enderby und dessen Frau. Anna konnte sehen, daß sie keinen Trauring trug.

»Wie heißt du?« fragte die Frau des Farmers.

»Ich heiße Caroline«, flüsterte das Mädchen. Der Rest ging im Flüstern unter. »Ich brauche ein Obdach«, sie hielt einen Moment inne, »bitte behalten Sie das Kind.«

Anna nahm das Kind und legte es sorgfältig ins oberste Schrankfach. Dann eilte sie nach einem Glas Wasser und einem Pfannkuchen und setzte beides dem halberfrorenen Mädchen vor.

»Iß und wärm dich auf!« sagte sie.

John erhob sich.

»Ich will kein Kind von dieser Sorte in meinem Haus«, sagte er.

»John, John«, flehte Anna, »erinnere dich, was das Gute Buch sagt: Sind zwei Größen einer dritten gleich, so sind sie auch untereinander gleich!«

John sank in seinen Sessel zurück.

Und warum hatte Caroline keinen Trauring? Lieber Leser, errätst du es? Du errätst es nicht. Es war nicht der Grund, den du unterstellst. Caroline hatte keinen Trauring, weil sie ihn voll Bitterkeit fortgeworfen hatte, als sie durch die Straßen der Großstadt irrte. »Warum«, rief sie, »soll die Frau eines Zuchthäuslers einen Ring tragen?«

Dann hatte sie das, was ihr Heim gewesen war, mit dem Kind im Arm verlassen.

Es war die alte traurige Geschichte.

Sie hatte das Kind genommen und es zärtlich und zart auf eine Parkbank gelegt. Dann war sie schnell davongegangen. Nach wenigen Minuten kam ihr ein Mann mit dem Bündel im Arm nachgelaufen. »Verzeihung«, sagte er keuchend, »Sie haben Ihr Baby im Park liegengelassen.« Caroline dankte ihm.

Danach ging sie mit dem Baby in den Wartesaal des Grand-Central-Bahnhofs. Sie küßte es zärtlich und legte es auf ein Brett hinter dem Speisetresen.

Minuten später brachte es ihr ein Beamter freudestrahlend zurück.

»Das gehört wohl Ihnen Madam«, sagte er und überreichte ihr das Baby. Caroline dankte ihm.

Dann ließ sie es an der Rezeption des Waldorf Astoria und am Fahrkartenschalter der U-Bahn zurück.

Es kam immer zurück.

Ein- oder zweimal warf sie es von der Brooklyn-Brücke in den Fluß. Aber irgend etwas in der Art und Weise, wie es fiel, rührte das Herz der Mutter, und sie lief hinunter zum Fluß und fischte es wieder raus.

Dann hatte Caroline das Kind mit aufs Land genommen. Zuerst wollte sie es unterwegs liegen lassen. Sie legte es in den Schnee, stellte sich etwas abseits und bewarf es mit Baumwollstengeln. Aber irgend etwas in der Art und Weise, wie das Kind dalag, rührte das Herz der Mutter.

Sie nahm es auf und ging weiter. »Irgendwo«, flüsterte sie, »wird sich ihm eine freundliche Tür öffnen«. Kurz danach war sie in das traute Heim geschwankt.

Anna hatte mit weiblicher Freundlichkeit keine Fragen gestellt. Sie legte das Baby vorsichtig in eine Kiste und brachte Caroline zu Bett. Dann kehrte sie zurück auf ihren Platz am Feuer.

Die alte Uhr schlug fünf nach Viertelneun.

Wieder klopfte es.

Die vertraute Figur des Dorfadvokaten erschien in der Tür. Sein Astrachaner Hundehautmantel, sein Zelluloidkragen und seine Schaftstiefel, die nur bis zu den Knöcheln reichten, kontrastierten zur groben Einrichtung des Raumes.

»Enderby«, sagte er, »können Sie zahlen?«

»Rechtsanwalt Perkins«, sagte der Farmer, »geben Sie mir Zeit, und ich werde zahlen. Geben Sie mir noch fünf Jahre und ich werde alles auf Dollar und Cent bezahlen.«

»John«, sagte der Advokat und war trotz seines rauhen Hundeäußeren gerührt, »wenn ich auch wollte, ich darf nicht. Es ist nicht mehr so wie früher mit diesen Dingen. In New York gibt es eine Gesellschaft Pinchem & Co., die geben die Kredite und sie wollen auf die Stunde genau ihr Geld, oder sie lassen Sie versteigern. Ich kann es nicht ändern, da ist ihre Mahnung, John, und es tut mir leid. Nein, ich trinke keine Buttermilch, ich muß bei der Arbeit einen klaren Kopf behalten«, und damit stürzte er wieder in den Schnee hinaus.

John saß brütend im Sessel.

Das Feuer erlosch.

Die Uhr schlug halb neun, dann schlug sie dreiviertel neun zur Hälfte und dann die Uhrzeit.

Plötzlich erhob sich Enderby, nahm eine Laterne aus der Ecke. »Hypothek hin, Hypothek her«, sagte er, »ich muß nach dem Vieh sehen.«

Er verließ das Haus, und vom Hof aus blickte er über den Schnee hin zu den Schneewehen im Zedernsumpf und den Lichtern des dahinter liegenden fernen Dorfes.

Er dachte an die vierzig Jahre, die er in seinem Heim verbracht hatte, an die rauhen Pioniertage, an das Haus, das er selbst gebaut hatte, das einfache Mobiliar, das altmodische Spinnrad, auf dem Anna ihm seine Hosen gesponnen hatte, das hölzerne Telefon und die groben Ackerschlitten, von dem er seine Mahlzeiten aß.

Er sah zum Sumpf hinüber und seufzte.

Zwei Meilen entfernt sah er im Sumpf einen Schlitten näherkommen. Im Schlitten saß ein Mann, bekleidet mit Robbenpelz und seidenem Hut. Sein Gesicht glänzte im Mondlicht, wenn er sich längs der Straße umsah, so als wäre ihm alles hier wohl vertraut. Er hatte einen Gürtel umgeschnallt, der eine Million enthielt. Auf einer Sumpflichtung hielt er an, schnallte den Gürtel ab und zählte die Münzen.

Neben ihm kroch ein Mann im Busch herum, der auf die funkelnden Münzen starrte. Das kurzgeschorene Haar und seine harten Gesichtszüge ließen an Sing Sing denken. Der Mann griff sich einen Schlehenknüppel.

Der Schlitten fuhr weiter. Der Mann folgte der Schlittenfährte wie ein Spürhund.

Inzwischen war John Enderby die äußeren Teile seiner Besitzung abgeschritten. Er brachte das Vieh zu Bett, welches im Lichte der Laterne blinzelte. Als echter

Farmer vergaß er seinen Kummer, als er zwischen seinen Schweinen stand. Er nannte jedes bei seinem Namen. Voller Rührung dachte er daran, daß er versucht gewesen war, eines der Schweine oder gar die Kühe zu verkaufen, um die Hypothek zu bezahlen. Gottseidank war er mit der Versuchung fertig geworden.

Als er das Haus erreichte, stand ein Schlitten davor. Anna begegnete ihm in der Tür. »John«, sagte sie, »als du in der Scheune warst, ist ein Fremder gekommen, einer aus der Stadt, den Kleidern nach zu urteilen. Er bat um Nachtquartier. Ich wollte ihn nicht fortschicken und habe ihm Williams Zimmer gegeben. Wir brauchen es nicht mehr. Er schläft jetzt.«

»Natürlich, wir können ihn nicht wegschicken.«

John Enderby brachte das Pferd in die Scheune und kehrte dann zurück zu seiner Andacht mit Anna am Feuer.

Der Buttermilchdunst entwich aus dem Hirn. So sitzend dachte er darüber nach, was diese Heiligmitternacht ihm bringen würde.

Über ihm hatte sich der Mann mitsamt Robbenpelz reisemüde aufs Bett geworfen.

»Ganz wie früher«, flüsterte er im Einschlafen, »dasselbe alte Zimmer, nichts verändert – nur sie sehen so abgezehrt aus.« Und ihm kamen die Tränen. Er dachte daran, wie er vor fünfzehn Jahren das Heim verließ. Er dachte an seine große Idee, viel Geld zu machen. Er dachte an die Farm Investment Company, die er gegründet hatte.

Er dachte an das einfache System, die vernichtende

Gewalt des Kapitals dazu zu benützen, den verschuldeten Farmern den letzten Penny aus der Tasche zu ziehen. Und nun war er wieder hier, mit einer Million, wie er gesagt hatte. »Morgen werde ich es ihnen sagen«, flüsterte er, »das wird ein Gefühl, wie Weihnachten.« Dann schlief William, denn es war William (siehe oben!) ein.

Die Stunden vergingen und vergingen. Da war keine Stunde, die nicht verging.

Es war 23 Uhr 30.

Dann erhob sich Anna plötzlich.

»Henry«, rief sie. Die Tür hatte sich geöffnet, und ein Mann kam herein und ging freudig auf sie zu. Mutter und Sohn umarmten sich. Es war Henry aus Sing Sing. Als das Fest auf seinem Höhepunkt war, hatte er sich bescheiden verdrückt.

»Tag Henry«, sagte die Mutter nach der herzlichen Begrüßung, »du kommst zu unglücklicher Stunde.« Sie erzählten ihm von der Hypothek und davon, daß das traute Heim ruiniert war.

»Wir haben nicht einmal ein Bett für dich«, sagte Anna und erzählte von den Ankömmlingen, der unglückseligen Frau und dem reichen Mann im Robbenpelz, der um eine Unterkunft für die Nacht gebeten hatte.

Als sie von dem Mann erzählte, hörte Henry aufmerksam zu, und in seinen Augen leuchtete plötzlich die rettende Idee.

»Beim Himmel, ich habe die Lösung«, rief er. Und die Stimme senkend sagte er: »Sprich leise, Vater! Dieser Mann da oben hatte einen Robbenpelzmantel und einen Samthut?«

»Ja«, sagte der Vater.

»Vater, im Zedernsumpf sah ich einen Mann in einem Schlitten. Er zählte Geld. Fünfdollarmünzen. Es waren 1 125 465 Dollar und 25 Cent.«

Vater und Sohn sahen sich an.

»Ich weiß, was du meinst«, sagte Enderby ernst.

»Wir erwürgen ihn«, sagte Henry.

»Oder erschlagen«, sagte der Vater, »und dann zahlen wir die Hypothek zurück.«

Anna sah von einem zum anderen, und in ihrem Gesicht kämpften Freude und Hoffnung mit der Sorge. »Henry, mein Henry«, sagte sie stolz, »ich wußte, du wirst einen Ausweg finden.«

»Los kommt!« sagte Henry. »Mutter, bring die Lampe, Vater, hol die Keule!«

Freudig, aber mit gedämpfter Stimme, schlichen die drei treppauf.

Der Fremde schlief und wandte ihnen den Hinterkopf zu, als sie eintraten.

»Nun Mutter«, sagte der Farmer entschlossen, »komm mit der Lampe näher ran! Hinters Ohr, Henry!«

Henry krempelte die Ärmel hoch und sagte mit einer Autorität, die ihm gut stand:

»Nein, lieber eins in die Fresse, Vater. Das geht besser und ist eleganter.«

»Na gut«, sagte der Farmer und lächelte stolz, »mach man, wie du denkst, Junge!«

Henry erhob die Keule.

Aber was war das? Von weit über den Zedernsumpf her schlug die Glocke der Dorfkirche dröhnend Mitternacht. Die Schläge kamen durch die frostige Luft: Eins, zwei, drei. Zur selben Zeit schlug die Standuhr im ersten Stock Mitternacht. Im Hühnerstall auf dem Hof krähte ein Hahn zwölf mal. Gleichzeitig läuteten das laute Brüllen des Rindviehs und das leise Quieken der Schweine den Weihnachtsmorgen mit seiner Botschaft des Friedens und guten Willens ein.

Henry ließ die Keule rasselnd auf den Boden fallen.

Der Schläfer erwachte und setzte sich auf.

»Vater! Mutter!« rief er.

»Mein Sohn! Mein Sohn«, schluchzte der Vater, »wir ahnten, daß du es bist und wollten dich wecken.«

»Ja, ich bin es«, sagte William und lächelte seine Eltern an, »und hier sind eine Million Dollar.« Er legte den Gürtel ab und eine Million Dollar auf den Tisch.

»Dem Himmel sei Dank«, rief Anna, »unser Leiden hat ein End. Mit diesem Geld können wir die Hypothek tilgen, und die habgierige Pinchem & Co. kann uns nichts mehr.«

»Ihr habt eine Hypothek aufgenommen«, sagte Henry entsetzt.

»Ja«, sagte der Farmer, »von gewissenlosen habgierigen Männern, deren schmutzige Hände uns beinahe ins Grab gebracht hätten. Sieh, wie sie gealtert ist, Junge«, und er zeigte auf Anna.

»Vater«, sagte William zerknirscht, »ich bin Pinchem & Co. Der Himmel sei mir gnädig! Jetzt sehe ich, aus welchem Leid ich mein Glück schöpfte. Ich will alles zurückgeben, die ganze Million an die Betrogenen.«

»Nein«, sagte die Mutter sanft, »du bereust mit echter christlicher Reue. Das genügt. Du kannst das Geld behalten. Wir wollen es als etwas betrachten, daß uns anvertraut ist, etwas Heiliges uns Anvertrautes, und immer wenn wir einen Dollar davon ausgeben, wollen wir es so betrachten.«

»Ja«, sagte der Farmer sanft, »deine Mutter hat Recht. Das Geld ist uns anvertraut, und wir werden die Farm damit wieder hochbringen, das Eigentum der Jones damit wieder auslösen und das Ganze als etwas uns Anvertrautes betrachten.«

In diesem Moment öffnete sich die Tür des Zimmers. Die Gestalt einer Frau erschien. Es war Caroline, in eins von Annas Nachthemden gekleidet.

»Ich hörte eure Stimmen«, sagte sie, und dann, als sie Henrys ansichtig wurde stieß sie einen lauten Schrei aus.

»Mein Gatte!«

»Mein Weib«, sagte Henry und drückte sie an sein Herz.

»Du hast Sing Sing verlassen?« kreischte Caroline fröhlich.

»Ja, Caroline«, sagte Henry, »ich werde nie dahin zurückkehren.«

Froh ging die wiedervereinigte Familie nach unten. Anna trug die Lampe. Henry trug die Keule. William trug die Million.

Das Fichtenfeuer brauste im Kamin. Die Buttermilch

ging von Hand zu Hand. William und Henry erzählten sich immer wieder ihre Abenteuer. Der erste Strahl des Weihnachtsmorgens fiel durch das Türfenster.

»Oh, meine Söhne«, sagte John Enderby, »fortan laßt uns im Lande bleiben und uns redlich nähren. Oder wie sagt das Gute Buch? Eine Gerade ist die ebene Verbindung ihrer Endpunkte.«

Der Asbestmann
Eine futuristische Allegorie

Lassen Sie mich gleich zu Beginn zugeben, daß ich es mit voller Absicht tat! Vielleicht teilweise aus Eifersucht.

Es erschien mir unfair, daß andere Schriftsteller im Stande sein sollten in einen vier- oder fünfhundertjährigen Schlaf zu fallen und sich kopfüber in die fernste Zukunft zu stürzen und Zeuge ihrer Wunder zu sein.

Ich wollte das auch tun.

Ich war schon immer und bin noch ein leidenschaftlicher Studierer sozialer Probleme. Die Welt von heute mit ihren lärmenden Maschinen, ihrer nicht endenden Schufterei der arbeitenden Klasse, ihren Streitigkeiten, ihrer Armut, ihren Kriegen, ihrer Grausamkeit erschreckt mich. Ich denke gerne an die Zeit, die eines Tages kommen muß, wenn der Mensch die Natur besiegt haben wird, und die sich plagende menschliche Rasse in eine Ära des Friedens eintritt.

Ich dachte gern daran, und mich verlangte danach, es zu erleben.

So setzte ich die Sache mit voller Absicht in Gang.

Was ich tun wollte war, nach der üblichen Methode in einen zwei– bis dreihundertjährigen Schlaf zu fallen und in der wunderbaren Zukunft zu erwachen.

Ich machte meine Vorbereitung für den Schlaf.

Ich kaufte alle Humorzeitschriften, die ich finden konnte, sogar die illustrierten und brachte sie in mein Hotelzimmer. Dazu kaufte ich eine Schweinefleischpastete und Dutzende über Dutzende von Pfannkuchen. Ich aß die Pastete und die Pfannkuchen auf. Dann setzte ich mich ins Bett und las eine Humorzeitschrift nach der anderen. Schließlich, als mich schon die Lethargie überfiel, streckte ich meine Hand nach der *London Weekly Times* aus und hielt mir die erste Seite vor die Augen.

Es war in gewisser Hinsicht glatter Selbstmord, aber ich tat es. Ich konnte fühlen, wie mich die Sinne verließen. In einem Zimmer quer über die Eingangshalle sang ein Mann. Seine Stimme, die zuerst ganz laut gewesen war, kam immer leiser und leiser über die Türschwelle. Ich fiel in Schlaf, den tiefen unermeßlichen Schlaf, in welchem die Existenz der Außenwelt ausgelöscht war. Dunkel fühlte ich die Tage vorübergehen, dann die Jahre und dann die langen, langen Jahrhunderte.

Und dann, nicht allmählich, sondern plötzlich, erwachte ich und sah mich um. Wo war ich?

Ich fand mich auf einer breiten Couch liegend oder besser sitzend. Ich war in einem großen, düsteren Raum, der verfallen aussah und, den Glaskästen und Menschenpuppen nach zu urteilen, eine Art Museum sein mußte.

Neben mir saß ein Mann. Sein Gesicht war haarlos, aber weder jung noch alt. Er trug Kleidung, die wie die graue Asche von Papier aussah, das beim Verbrennen seine Form behalten hatte. Er sah mich still an, aber ohne sonderliche Überraschung oder Interesse.

»Schnell«, sagte ich, begierig, einen Anfang zu machen. »Wo bin ich? Wer sind Sie? Welches Jahr ist jetzt? Ist jetzt das Jahr 3000 oder welches?«

Er zog tief die Luft ein, mit einem Ausdruck von Verärgerung im Gesicht.

»Was haben Sie für eine seltsame aufgeregte Sprechweise«, sagte er.

»Sagen Sie schon: Ist dies das Jahr 3000?«

»Ich glaube, ich weiß was Sie meinen«, sagte er, »aber ich habe wirklich keine Ahnung. Ich denke, es könnte so ungefähr hinkommen. Ein paar hundert Jahre mehr oder weniger. Aber es ist schwer zu sagen. Es hat schon lange keiner mehr die Jahre gezählt.«

»Ihr zählt die Jahre nicht mehr?« Ich riß vor Staunen den Mund auf.

»Wir pflegten es zu tun«, sagte der Mann. »Ich kann mich erinnern, daß es vor einem oder zwei Jahrhunderten noch Leute gab, die die Jahre zählten. Aber es hörte auf, wie so viele Schrullen dieser Art. Wozu«, fuhr er fort und wirkte zum ersten Mal etwas lebendig in seiner Rede, »wozu sollte das gut sein? Sehen Sie, nachdem wir den Tod abgeschafft hatten...«

»Den Tod abgeschafft!« schrie ich, mich kerzengerade hinsetzend. »Großer Gott!«

»Was sagten Sie da eben?« fragte der Mann.

»Großer Gott!« wiederholte ich.

»Aha«, sagte er, »nie gehört. Aber ich wollte sagen, daß, nachdem wir den Tod und die Nahrung und den

Wechsel abgeschafft hatten, gab es praktisch keine Ereignisse mehr, und...«

»Stop!« unterbrach ich, während sich mir alles im Kopf drehte. »Erzählen Sie mir nicht alles auf einmal, sondern eins nach dem anderen!«

»Hmm!« stieß er hervor. »Sie müssen wohl sehr lange geschlafen haben. Na los denn! Fragen Sie mich! Aber, wenn es Ihnen nichts ausmacht, so wenig Fragen wie möglich, und bitte ohne Interesse oder Erregung!

»Woraus ist diese Kleidung?«

»Asbest«, antwortete der Mann. Das hält hunderte von Jahren. Jeder von uns hat einen solchen Anzug. Und es sind noch Milliarden auf Lager, für den Fall, daß jemand einen neuen möchte.«

»Danke«, sagte ich. »Und wo bin ich?«

»Sie sind in einem Museum. Die Figuren in den Kästen sind Exemplare Ihrer Art. Aber wenn Sie das kennenlernen wollen, was für Sie offenbar eine neue Epoche ist, kommen Sie von der Liege herunter und setzen wir uns am Broadway auf eine Bank.«

Ich kam herunter.

Als wir durch die düsteren staubbedeckten Gebäude gingen, schaute ich neugierig auf die Ausstellungsstücke in den Glaskästen.

»Beim Jupiter!« rief ich, als ich einer Figur in blauer Kleidung mit Gürtel und Gummiknüppel ansichtig wurde, »das ist ein Polizist!«

»Tatsächlich«, sagte mein neuer Bekannter, »ist *das* das, was ein *Polizist* war? Ich habe mich oft gefragt, wie sie verwendet wurden.«

»Wie sie verwendet wurden?« wiederholte ich völlig perplex. »Na, sie standen doch an den Straßenecken.«

»Ach so, ich verstehe«, sagte er, »gewissermaßen, um Leute totzuschießen. Sie müssen meine Unwissenheit entschuldigen, was die sozialen Bräuche der Vergangenheit anbetrifft«, fuhr er fort. »Als ich meine Ausbildung bekam, haben sie mir Sozialgeschichte hineinoperiert, aber sie haben sehr minderwertiges Zeug genommen.«

Ich verstand nicht im mindesten, was der Mann meinte, hatte aber keine Zeit zu fragen, denn in diesem Augenblick betraten wir die Straße, und ich stand vor Erstaunen wie angenagelt da.

Den Broadway! War das möglich? Die Veränderung war überaus erschreckend. An Stelle des lärmenden Verkehrs, wie ich ihn kannte, diese stille, moosüberwucherte Einöde. Große Gebäude waren bloß durch den jahrhundertelangen Einfluß von Wind und Wetter zu Ruinen zerfallen. Ihre Mauern waren von einem Teppich von Moos und Pilzen überwuchert. Es war still. Nicht ein einziges Kraftfahrzeug. Es gab keine Drähte über den Köpfen. Kein Geräusch von Leben und Bewegung. Nur hier und da bewegten sich langsam einige menschliche Erscheinungen hin und her. Sie waren ebenso wie mein Bekannter mit Asbest bekleidet und hatten das gleiche haarlose Gesicht mit dem gleichen Ausdruck unbestimmbaren Alters.

Großer Gott im Himmel! War das die Ära der Lösung aller Probleme, die ich zu sehen gehofft hatte? Ich hatte es immer für selbstverständlich gehalten, warum weiß ich nicht, daß es die Bestimmung der Menschheit war, sich vorwärts zu bewegen. Das Bild von Verwüstung auf den Ruinen unserer Zivilisation machte mich völlig sprachlos.

Hier und da standen einige Bänke auf der Straße. Wir setzten uns.

»Na, ist das nicht alles viel besser als damals?«

Er schien sehr stolz zu sein.

Staunend stellte ich die Frage: »Wo sind die Straßenbahnen und Autos?«

»Oh, lange abgeschafft«, sagte er, »wie schrecklich müssen sie gewesen sein! Dieser Krach!«

Und weil ihn ein Schauder überfuhr, raschelte seine Asbestkleidung.

»Aber wie kommt ihr woanders hin?«

»Überhaupt nicht«, antwortete er, »wozu auch? Woanders ist es auch nicht anders.«

Er sah mich mit der unbestimmten Trübseligkeit seines Gesichtes an.

Tausend Fragen kamen mir gleichzeitig in den Sinn. Ich fragte eine der einfachsten.

»Aber wie kommt ihr zur Arbeit und von der Arbeit nach Hause?«

»Arbeit?«, sagte er. »Es gibt keine Arbeit. Alles schon erledigt. Die letzte Arbeit ging vor einigen Jahrhunderten zu Ende.«

Ich starrte ihn mit offenem Mund an. Dann wandte ich mich wieder der grauen Straßenwüste zu, in der hier und da einige Asbesterscheinungen hierhin und dahin liefen.

Ich versuchte mich zu fassen. Ich begriff, wenn ich

diese Zukunft, die ich mir nicht hätte träumen lassen, entwirren wollte, mußte ich systematisch und schrittweise vorgehen.

»Mir ist klar«, sagte ich nach einer Pause, »daß seit meiner Zeit große Dinge geschehen sind. Ich möchte sie gern systematisch ausfragen und bitte Sie, mir eins nach dem andern zu erklären. Zuerst: Was meinten Sie, als Sie sagten , daß es keine Arbeit mehr gibt?«

»Naja«, antwortete mein seltsamer Begleiter, »sie ging von selber zu Ende. Die Maschinen haben sie ausgerottet. Wenn ich mich recht erinnere, gab es auch zu Ihrer Zeit einen gewissen Maschinenpark. Sie kamen schon ganz gut mit der Dampfkraft hin, machten gute Anfänge mit der Elektrizität, obwohl, glaube ich, Strahlenenergie noch nicht angewandt wurde.«

Ich nickte zustimmend.

»Aber ihr fandet heraus, daß es nicht gut für euch war. Je besser eure Maschinen wurden, desto mehr mußtet ihr arbeiten. Je mehr ihr hattet, desto mehr wolltet ihr haben. Der Pulsschlag des Lebens schlug immer schneller. Ihr schriet auf, aber es nahm kein Ende. Ihr wart alle in den Zahnrädern eurer Maschinen gefangen. Niemand konnte ein Ende absehen.«

»Das ist völlig richtig«, sagte ich, »woher wissen Sie das alles?«

»Oh«, sagte der Asbestmann, »dieser Teil meiner Bildung wurde mir sehr gut hineinoperiert. Ich merke, Sie begreifen nicht, was ich meine. Macht nichts. Das erkläre ich Ihnen später. Gut, dann kam also beinahe zweihundert Jahre nach Ihrer Zeit die Ära des Großen

Sieges über die Natur, der Endsieg von Mensch und Maschine.«

»Sie haben sie besiegt?« fragte ich schnell, mit einem Schauder der alten Hoffnung in meinen Adern.

»Besiegt«, sagte er, »aus dem Felde geschlagen! Ihren Stillstand erkämpft! Es kam allmählich, dann schneller und schneller, und in hundert Jahren war alles vorbei. In der Tat, als die Menschheit dazu überging, ihre Energie darauf zu verwenden, ihre Bedürfnisse zu senken, anstatt ihre Ansprüche zu erhöhen, war alles ganz einfach. Zuerst kam die chemische Nahrung. Beim Himmel! Wie einfach das war! Und zu ihrer Zeit haben Tausende von Millionen von Leuten von Sonnenauf- bis -untergang auf dem Acker geschuftet. Ich habe solche Exemplare gesehen. Bauern nannte man sie. Es gibt einen im Museum. Nach der Erfindung der chemischen Nahrung konnten wir in einem Jahr Nahrung für Jahrhunderte auf Lager legen. Die Landwirtschaft ging über Bord. Hinterher flogen Essen, Hausarbeit. Alles zu Ende. Heute nimmt man einmal im Jahr eine konzentrierte Pille. Und damit hat es sich. Der Verdauungsapparat, wie Sie ihn kannten, war ein plumpes Ding, daß sich im Laufe der Evolution durch seinen Gebrauch wie ein Dudelsack aufgeblasen hatte!«

Ich mußte ihn unterbrechen. »Haben Sie und diese Leute keinen Bauch, keine Eingeweide?«

»Natürlich haben wir einen«, antwortete er, »Aber wir verwenden ihn nutzbringend. Meiner ist zum größten Teil mit Bildung angefüllt. Aber ich greife schon wieder vor. Lassen Sie mich besser alles der Reihe nach erzählen! Zuerst kam die chemische Nahrung. Damit war reichlich ein Drittel der Arbeit beseitigt. Und dann kam die Asbestkleidung. Das war herrlich! In einem Jahr machte die Menschheit so viele Anzüge, daß sie bis in alle Ewigkeit reichen. Das wäre natürlich nie möglich gewesen ohne die Umänderung der Frauen und die Abschaffung der Mode.«

»Ist die Mode dahin«, fragte ich »diese ungesunde, extravagante Idee von...« Ich war dabei, einen meiner damaligen Vorträge über die völlige Überflüssigkeit dekorativer Kleidung vom Stapel zu lassen, als mein Blick auf die sich bewegenden Asbestfiguren fiel und ich einhielt.

»Alles dahin«, sagte der Mann in Asbest. »Das nächste, was wir ausrotteten oder fast ausrotteten, war der Wetterwechsel. Ich glaube nicht, daß sie zu ihrer Zeit begriffen, wie viel ihrer Arbeit auf die Änderung dessen zurückzuführen war, was Sie Wetter nannten, ich meine alle Arten von Spezialkleidung und Häusern und Schuppen, eine Unmenge von Arbeit. Wie schrecklich muß es zu ihrer Zeit gewesen sein. Wind, Sturm ... große feuchte Gebilde ... wie nannten Sie die? ... Wolken ... flogen durch die Luft, der Ozean voller Salz ... war es nicht so? ... vom Winde gepeitscht ... überall Schneeböen, Hagel, Regen ... wie schrecklich!«

»Manchmal war es schön«, sagte ich. »Aber wie habt ihr das geändert?«

»Wir haben das Wetter ausgerottet«, antwortete der Mann in Asbest. »Es war ganz einfach. Wir haben die einzelnen Wetterkräfte gegeneinander gerichtet, wir haben die Zusammensetzung des Meeres geändert, so daß die oberen Schichten mehr oder weniger gelatineartig sind. Ich kann es nicht genau erklären, weil mir dieses Wissen in der Schule nicht einoperiert wurde. Jedenfalls wurde der Himmel grau, wie Sie sehen, und das Meer gummifarbig, und es entstand ein Einheitswetter. Es machte Brennmaterial und Häuser entbehrlich und die unendliche Arbeit, die man damit hatte.«

Er machte eine Pause. Ich begann etwas vom Gang der Entwicklung zu ahnen.

Ich sagte: »Der Sieg über die Natur bedeutete also, daß keine Arbeit mehr zu tun war?«

»Genau«, sagte er, »nichts blieb übrig.«

»Genug Nahrung für alle?«

»Zu viel«, antwortete er.

»Häuser und Kleidung?«

»So viel Sie wollen«, sagte der Asbestmann, die Hand schwenkend. »Bitte sehr. Nehmen Sie sich, was Sie wollen! Natürlich zerfallen sie langsam, sehr langsam. Aber für einige Jahrhunderte reichen Sie noch. Niemand braucht sich zu beunruhigen.«

Ich glaube, da begriff ich zum ersten Mal, was Arbeit im alten Leben bedeutet hatte. Wieviel in der Lebensweise von harter Anstrengung der Arbeit abhing.

Plötzlich sah ich nach oben. Von der Spitze eines Bauwerkes hing etwas herab, was der Überrest einer Telephonleitung zu sein schien.

»Was wurde aus diesem allem da«, sagte ich, »dem Telegraphen, dem Telephon und dem ganzen Kommunikationssystem?«

»Ach«, sagte der Mann in Asbest, »das war also ein Telephon? Ich wußte doch, daß so etwas vor Jahrhunderten abgeschafft wurde. Wozu war es gut?«

»Na«, sagte ich enthusiastisch, »mit Hilfe des Telephons konnten wir mit jedem sprechen, jeden anrufen, und das über jede Entfernung.«

»Und jeder konnte Sie jederzeit anrufen und sprechen?« sagte der Mann in Asbest wie mit Schrecken. »Das war ja fürchterlich! Was hatten Sie für ein schreckliches Zeitalter! Jetzt haben wir das Telephon und alles andere, den ganzen Transport und die ganze Kommunikation beseitigt und verboten. Es war sinnlos. Was Sie nicht verstehen, ist«, fügte er hinzu, »daß die Leute nach Ihrer Zeit allmählich vernünftiger wurden. Nehmen Sie nur die Eisenbahn? Wozu war sie gut? Sie brachte in jede Stadt eine Menge Leute aus jeder anderen Stadt. Wer brauchte Sie dort? Niemand. Als Arbeit und Handel aufhörten und die Nahrung überflüssig wurde und das Wetter abgeschafft war, war es unsinnig, hin- und herzufahren. Deshalb machten wir dem ein Ende. Außerdem«, sagte er mit einem Anflug von Besorgnis in Aussehen und Stimme, »war es gefährlich!«

»Aha!« sagte ich. »Gefährlich! Habt ihr noch Gefahren?«

»Oja«, sagte er, »es gibt immer noch die Gefahr zu zerbrechen.«

»Wie meinen Sie das?« fragte ich.

»Na«, sagte der Asbestmann, »ich nehme an, es ist das, was Sie tot sein nennen würden. In einer Hinsicht gibt es natürlich seit Jahrhunderten keinen Tod mehr.

Wir haben ihn abgeschafft. Krankheit und Tod waren nur eine Sache der Krankheitserreger. Wir entdeckten einen nach dem anderen. Ich glaube, sogar zu Ihrer Zeit hat man ein oder zwei entdeckt, die größeren.«

Ich nickte.

»Ja, ihr fandet Diphterie und Typhus, und wenn ich mich richtig erinnere, waren einige noch nicht entdeckt, wie Scharlach und Pocken, die ihr ultramikroskopisch nanntet und nach denen ihr immmer noch forschtet, und andere, die ihr nicht einmal vermutetet. Nun, wir brachten einen nach dem anderen zur Strecke und vernichteten ihn. Seltsamerweise kam niemand von euch auf die Idee, daß auch das Alter nur ein Krankheitserreger war. Es erwies sich als ein einfacher Erreger, aber er war so verbreitet, daß niemand auf die Idee kam.«

»Und Sie wollen damit sagen«, stieß ich, den Asbestmann erstaunt ansehend, hervor, »daß ihr heute ewig lebt?«

»Es wäre mir lieber«, sagte er, »wenn Sie nicht diese seltsame aufgeregte Art zu sprechen hätten. Sie reden, als ob alles so ungeheuer wichtig wäre. Ja«, fuhr er fort, »wir leben ewig, außer natürlich, wenn wir zerbrechen. Das kommt manchmal vor. Ich meine, wenn wir über etwas stolpern und hinfallen oder uns an etwas stoßen und dabei zerbrechen. Sie sehen, wir sind immer noch ein wenig zerbrechlich. Ich nehme an, ein Überbleibsel von Krankheitserregern der alten Zeit. Wir müssen vorsichtig sein. In der Tat«, fuhr er fort, »ich muß unumwunden sagen, dies waren die beunruhigensten

Erscheinungen unserer Zivilisation, bis wir Maßnahmen einleiteten, alle Unfälle abzuschaffen. Wir verboten alle Straßenbahnen, Straßenverkehr, Flugzeuge und so weiter. Die Risiken Ihrer Zeit«, sagte er, wobei seine Asbestkleidung durch einen Schauer raschelte, »müssen schrecklich gewesen sein.«

»Ganz recht«, antwortete ich mit einer neuen Art von Stolz in meiner Stimme, den ich nie zuvor gefühlt hatte, »aber wir dachten, es ist ein Teil der Pflicht mutiger Menschen zu...«

»Ja, ja«, sagte der Asbestmann ungeduldig, »nicht wieder aufregen! Ich weiß, was Sie meinen. Es war völlig irrational.«

Wir saßen längere Zeit schweigend da. Ich sah mich um. Zerbröckelnde Gebäude, monotoner unveränderlicher Himmel und traurige leere Straßen. Hier also war die Frucht des Sieges, hier war die Abschaffung der Arbeit, das Ende von Hunger und Kälte und des harten Lebenskampfes, das Ende von Wechsel und Tod – also das Jahrtausend des Glücks. Und doch schien irgendetwas an der Sache verkehrt zu sein. Ich dachte nach. Dann stellte ich zwei oder drei schnelle Fragen und gab mir kaum Zeit, über die Antworten nachzudenken.

»Gibt es noch Kriege?«

»Seit Jahrhunderten abgeschafft. Internationale Meinungsverschiedenheiten werden mit einem Spielautomaten gelöst. Und alle internationalen Beziehungen haben sowieso aufgehört. Wozu? Keiner kann Ausländer leiden.«

»Gibt es noch Zeitungen?«

»Zeitungen? Wozu zum Kuckuck sollten die gut sein? Wenn wir welche lesen wollen, finden wir Tausende in den Archiven. Aber was steht in ihnen drin? Nur Geschehnisse, Kriege, Unfälle, Arbeit und Tod. Als dies alles abgeschafft war, wurden die Zeitungen auch überflüssig. Hören Sie«, fuhr der Mann in Asbest fort, »Sie scheinen mir so etwas wie ein Sozialreformer gewesen zu sein, und doch verstehen Sie von dem neuen Leben überhaupt nichts. Sie verstehen nicht, wie vollständig wir alle unsere Bürden losgeworden sind. Betrachten Sie es mal so: Wie verbrachten Ihre Leute ihre Jugend?«

»Na, die ersten fünfzehn Jahre widmeten wir der Ausbildung«, sagte ich.

»Genau«, antwortete er, »und nun passen Sie auf, wie sehr wir das verbessert haben! Ausbildung geschieht heute auf chirurgischem Wege. Seltsamerweise hatte in Ihrer Zeit niemand erkannt, daß Lehre nur eine chirurgische Operation ist. Ihr kamt nicht auf die Idee, daß das, was ihr tatet nur eine lange schmerzhafte Operation war, mit der ihr das Innere eures Hirns umgemodelt und verdreht habt. Alles Gelernte manifestierte sich in physischer Veränderung des Gehirns. Ihr wußtet das, aber ihr überblicktet nicht die vollen Konsequenzen. Dann kam die Erfindung der chirurgischen Ausbildung. Ein einfaches System. Die Seite des Schädels wird geöffnet und ein präpariertes Stück Gehirn eingepflanzt. Ich nehme an, am Anfang mußte man die Hirne von Toten verwenden, und das war schauderhaft« – hier zitterte der Asbestmann wie Espenlaub – »aber bald erfand man kleine Geräte, die genauso wirksam waren. Danach war alles nur ein Klacks. Eine Fünfminutenoperation genügte, um Dichtkunst oder Fremdsprachen oder Geschichte einzupflanzen, oder was immer jemand haben wollte. Hier zum Beispiel«, und damit schob er an der Seite seines Kopfes die Haare beiseite und zeigte mir eine Narbe, »ist die Stelle, wo bei mir die sphärische Geometrie reinkam. Ich muß zugeben, es war ein bißchen schmerzhaft, aber andere Gebiete, wie Englische Poesie oder Geschichte können ohne jeden Schmerz eingesetzt werden. Wenn ich an eure barbarische Methoden der Unterrichtung durch das Ohr denke, erfaßt mich ein Schaudern. Seltsamerweise erwies es sich später, daß man für vieles nicht den Kopf zu benutzen braucht. Dinge wie Philosophie oder Methaphysik und so weiter plazieren wir in das, was früher der Verdauungsapparat war. Sie füllen ihn bewunderungswürdig aus.«

Er machte eine Pause und fuhr dann fort: »Na gut, um die Sache fortzusetzen, was nahm nach der Ausbildung eure Zeit in Anspruch?«

»Na sagte ich,« man mußte natürlich arbeiten, und, um die Wahrheit zu sagen, ein großer Teil der Zeit wurde natürlich dem anderen Geschlecht gewidmet, wurde damit verbracht, sich zu verlieben und eine Frau zu finden, die das Leben mit einem teilt.

»Aha«, sagte der Mann in Asbest interessiert, »ich habe von Ihren Arrangements mit Frauen gehört, aber die Sache nie richtig verstanden. Sie sagten, Sie wählten eine Frau aus?«

»Ja.«

»Und dann nannte man sie Ihre Gattin?«

»Natürlich.«

»Und Sie arbeiteten für sie?« fragte der Mann in Asbest erstaunt.

»Ja.«

»Und sie arbeitete nicht?«

»Nein«, antwortete ich, »natürlich nicht.«

»Und die Hälfte Ihres Besitzes gehört ihr?«

»Ja.«

»Und sie hatte das Recht, in Ihrem Haus zu leben und Ihre Sachen zu benutzen?«

»Natürlich«, antwortete ich.

»Wie schrecklich«, sagte der Asbestmann . »Bis jetzt hatte ich die Schrecken Ihrer Zeit noch nicht begriffen.«

»Er saß leicht zitternd da mit dem gleichen ängstlichen Ausdruck im Gesicht wie vorher.

Dann fiel mir plötzlich auf, daß die Gestalten auf der Straße alle gleich aussahen.

»Sagen Sie, gibt es noch Frauen. Oder habt ihr die auch abgeschafft?«

»Oh nein«, antwortete der Asbestmann, «die gibt es noch. Einige von denen da sind Frauen. Nur hat sich alles jetzt sehr verändert. Es war eine Folge ihrer großen Revolte, ihrer Forderung, den Männern gleich zu sein. Hatte das nicht zu Ihrer Zeit schon angefangen?«

»Nur ein bißchen«, antwortete ich, »sie begannen für Stimmrecht und Gleichheit einzutreten.«

»Ja genau«, sagte mein Begleiter, »ich konnte mich an das Wort nicht erinnern. Ich glaube, eure Frauen waren schrecklich. War es nicht so? Über und über mit

Federn und Pelzen und verwirrenden Farben, die aus toten Dingen gemacht waren, bedeckt. Und sie lachten, nicht wahr? Und hatten einen närrischen Geschmack, und sie konnten euch in diese Standesämter locken. Uff!«

Er schauderte.

»Asbest«, sagte ich, (ich wußte nicht, wie ich ihn sonst nennen sollte) und wandte mich ihm ergrimmt zu. »Asbest, glaubst du, daß diese Einheitsgallertsäcke hier draußen auf der Straße mit ihren Mülltonnenanzügen auch nur im Entferntesten mit unseren unemanzipierten, unreformierten, himmlischen, hüpfbusigen Frauen des zwanzigsten Jahrhunderts verglichen werden können?«

Dann kam mir plötzlich ein anderer Gedanke in den Sinn.

»Die Kinder«, sagte ich, »wo sind die Kinder? Gibt es noch welche?«

»Kinder«, sagte er, »nein! In den letzten Jahrhunderten habe ich nie mehr von so etwas gehört. Schreckliche kleine Kobolde müssen das gewesen sein. Große Köpfe und immer Geschrei! Und sind sie nicht gewachsen? Wie Pilze? Ich glaube, sie waren jedes Jahr länger, als im Jahr davor, und...«

Ich erhob mich.

»Asbest!« sagte ich, »das ist also eure kommende Zivilisation, euer Jahrtausend. Diese irre tote Angelegenheit, ohne die Arbeit und Bürde des Lebens, das damit auch alle Freude und Süße verloren hat. An Stelle des alten Kampfes reine Stagnation, und statt Gefahr und

Tod die irre Monotonie der Sicherheit und der Schrekken des unaufhörlichen Verfalls!« Ich streckte weit meine Arme in die dumpfe Luft und schrie: »Gib mir das alte Leben mit Gefahr und Streß zurück, mit der Schufterei, seinen bitteren Schicksalen und seinem Herzeleid. Jetzt sehe ich seinen Wert! Ich kenne jetzt seinen Wert. Ich will keine Ruhe«, schrie ich laut...

Aber die anderen hier auf dem Flur wollen Ruhe!« rief eine ärgerliche Stimme, die meine Erregung unterbrach.

Plötzlich war ich wach.

Ich war wieder in meinem Hotelzimmer, und um mich herum war das Gesumm dieser bösen geschäftigen alten Welt, und laut in meinen Ohren tönte die Stimme des entrüsteten Mannes quer über den Flur.

»Hör mit dem Geblöke auf, du Quatschkopf«, rief er. »Komm runter auf den Boden der Tatsachen!«

Das tat ich.